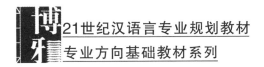

21世纪汉语言专业规划教材
专业方向基础教材系列

实验语音学基础教程

孔江平　编著

图书在版编目 (CIP) 数据

实验语音学基础教程 / 孔江平编著 .—北京：北京大学出版社，2015.8
（21 世纪汉语言专业规划教材）
ISBN 978-7-301-26099-9

Ⅰ. ①实… Ⅱ. ①孔… Ⅲ. ①实验语音学—高等学校—教材 Ⅳ. ①H017

中国版本图书馆 CIP 数据核字 (2015) 第 168062 号

书　　　名	实验语音学基础教程 SHIYAN YUYINXUE JICHU JIAOCHENG
著作责任者	孔江平　编著
责任编辑	崔　蕊
标准书号	ISBN 978-7-301-26099-9
出版发行	北京大学出版社
地　　　址	北京市海淀区成府路 205 号　100871
网　　　址	http://www.pup.cn　新浪微博：@北京大学出版社
电子信箱	zpup@pup.cn
电　　　话	邮购部 62752015　发行部 62750672　编辑部 62754144
印　刷　者	三河市北燕印装有限公司
经　销　者	新华书店
	650 毫米 ×980 毫米　16 开本　13 印张　200 千字 2015 年 8 月第 1 版　2022 年 1 月第 3 次印刷
定　　　价	42.00 元

未经许可，不得以任何方式复制或抄袭本书之部分或全部内容。
版权所有，侵权必究
举报电话：010-62752024　电子信箱：fd@pup.pku.edu.cn
图书如有印装质量问题，请与出版部联系，电话：010-62756370

序

  现代语音学是一门文理交叉学科，上个世纪主要采用声学分析的方法，本世纪的前十几年大量采用生理分析的方法，目前则逐步开始用脑科学的仪器和方法进行研究。研究方法的快速发展，使得语音学研究者的背景知识也在不断变化和扩展，这就需要学习更多的理工科、医学、心理学和脑科学的知识和研究方法。

  目前，国内大学本科生的现代语音学教材较少，在内容和方法上主要局限在语音四要素的声学分析方面，大多数研究者都以基频这个声学参数为基础来讨论问题，这极大地限制了语音学在中国的研究和发展。因此，很有必要写一本适合本科生的实验语音学基础教材。由于中国教育体制的限制，文科生的理科知识相对缺乏，这导致给文科专业本科生开设实验语音学课程有一定的困难。作者在北京大学给本科生讲授了十几年实验语音学课程，根据这十几年开课的情况和经验，编写了这本《实验语音学基础教程》。本教材在内容安排上，不仅涉及传统语音学和音位学的田野调查、语音四要素的声学分析、常用的生理分析方法和感知听辨的研究方法，而且介绍了语音学从基础分析到进一步建立语音模型的方法和重要性。本教材使用了"实验"二字，主要是强调教材将重点放在方法上。希望本教材既能让学习者了解一些具体的概念和研究方法，又能让学习者在宏观上对现代语音学的轮廓有一个清晰的把握。下面对本教材的主要内容进行一些介绍，作为学习的一个导读。

第一章介绍语音学的历史、发展过程和现状，让学习者对语音学有一个整体的认识。主要内容包括：传统语音学、X光技术的应用、频谱分析技术的应用、生理和医学技术的应用、语音学与语言学、语音学与言语科学和言语工程、语音学与人类语言复杂系统和语音学的学科范畴。

第二章介绍语音产生的基本生理知识。主要内容包括：发音器官的演化和形成、语音的调音器官、语音的发声器官、呼吸系统、听觉及神经系统。

第三章介绍普通语音学和音位学的一些基本概念，以便学习者更好地理解面向语言学的语音学的内容和意义。主要内容包括：语音学和音位学、辅音及分类、元音及分类、声调及分类、语言发声类型、音素和音位、音位处理的原则和语言田野调查基础。

第四章介绍声学概念和信号处理基础知识。这一章的内容较多，是文科背景学生学习的难点，需要阅读一些声学的辅助材料。主要内容包括：声学基础、语音声学基础、语图分析、数字信号基础和语音信号处理基础。

第五章介绍声调研究的基本概念和方法。中国境内汉藏语系语言大多都有声调，因此本章内容实用性很强，但研究上存在一些误区，希望学习者通过本章的学习能正确掌握声调研究的概念和方法。主要内容包括：基频、音高和声调的定义、中国语言的声调和音调、基频的提取方法、基频的数据处理、五度值转换和声调的感知因素。

第六章介绍元音的发音原理、声学性质和参数提取。元音的发音利用了大量磁共振图像进行解释，声学方面利用共振峰解释，并使二者结合起来。主要内容包括：元音的发音性质、读语图识元音、共振峰的提取、声学元音图和语音量子理论。

第七章介绍辅音的发音原理、声学性质和参数提取。辅音的发音利用了大量磁共振图像，可以看到真实的辅音发音动作，另外，辅音参数的提取也是研究辅音的重要内容。主要内容包括：辅音的发音性质、读语图识辅音、辅音的声学性质和辅音参数的提取。

第八章介绍嗓音发声类型的研究方法。这一部分内容在其他同类教材中介绍得较少，希望学习者通过本章的学习能掌握一两种基本方法，并对语言发声类型研究有深入的认识。主要内容包括：谐波分析、逆滤波分析、频谱倾斜率分析、多维嗓音分析、声门阻抗分析、嗓音音域分析和嗓音分析方法的进展。

第九章介绍韵律和语音情感研究的基本概念和方法，希望学习者了解和韵律有关的各个方面。主要内容包括：韵律与情感、呼吸与韵律、基频与韵律、发声与情感以及语音情感的复杂性。

第十章介绍语音感知的基本概念和研究方法。主要内容包括：语音感知研究、音位学语音感知的方法、语音感知样本合成、元音的感知、塞音的感知、塞音 VOT 的感知、声调的感知、发声类型的感知和语音感知的其他因素。

第十一章介绍语音信号采集过程中应该注意的问题。这一章的内容对于田野语音调查和录音十分重要。主要内容包括：录音笔录音、电脑录音、语音多模态信号采集、视频信号采集、修建录音室、田野调查的录音环境和文件管理。

第十二章介绍语音学和相关交叉学科的研究进展以及语音模型研究对语音学研究的重要性。主要内容包括：唇形模型研究、声道模型研究、嗓音模型研究、肺模型研究、电子腭位研究、代偿性发音研究、声纹鉴定研究、病理语音研究、语音与读写障碍研究以及言语艺术和口传文化研究。

本教材最初的设计是希望文科专业本科生能自己比较顺利地理解大部分内容。教材完成以后发现，有些内容仅靠学生自己完全理解有一些困难，还需要授课老师进一步讲解并进行具体的课堂实验操作。由于部分内容比较新，有些学校没有相关的仪器和适用的商用软件及分析工具，作者会尽可能地提供和本教材有关的资料、语音文件、视频文件、分析工具和教案，以便教师更好、更方便地讲解。

由于时间有限，本教材难免有许多疏漏和不恰当之处，希望广大读者能和作者沟通，以便对本教材进行不断地修订和完善。

目 录

第一章 语音学与实验语音学 ·················· 1
 1.1 传统语音学 ····························· 1
 1.2 X光技术的应用 ·························· 2
 1.3 频谱分析技术的应用 ······················ 3
 1.4 生理和医学技术的应用 ···················· 3
 1.5 语音学与语言学 ·························· 4
 1.6 语音学与言语科学和言语工程 ·············· 4
 1.7 语音学与人类语言复杂系统 ················ 5
 1.8 语音学的学科范畴 ························ 5

第二章 语音生理基础 ························ 7
 2.1 发音器官的演化和形成 ···················· 7
 2.2 语音的调音器官 ·························· 8
 2.3 语音的发声器官 ·························· 10
 2.4 呼吸系统 ······························· 14
 2.5 听觉及神经系统 ·························· 15

第三章 语音学和音位学 ······················ 18
 3.1 语音学和音位学 ·························· 18
 3.2 辅音及分类 ······························ 19
 3.3 元音及分类 ······························ 20
 3.4 声调及分类 ······························ 22
 3.5 语言发声类型 ···························· 24
 3.6 音素和音位 ······························ 25

3.7 音位处理的原则 …………………………………………… 26
3.8 语言田野调查基础 …………………………………………… 28

第四章　语音声学基础 …………………………………………… 30
4.1 声学基础 …………………………………………………… 30
4.2 语音声学基础 ……………………………………………… 36
4.3 语图分析 …………………………………………………… 39
4.4 数字信号基础 ……………………………………………… 41
4.5 语音信号处理基础 ………………………………………… 46

第五章　基频、音高和声调 ……………………………………… 53
5.1 基频、音高和声调的定义 ………………………………… 53
5.2 中国语言的声调和音调 …………………………………… 55
5.3 基频的提取方法 …………………………………………… 57
5.4 基频的数据处理 …………………………………………… 60
5.5 五度值转换 ………………………………………………… 63
5.6 声调的感知因素 …………………………………………… 66

第六章　调音、共振峰和元音 …………………………………… 69
6.1 元音的发音性质 …………………………………………… 69
6.2 读语图识元音 ……………………………………………… 75
6.3 共振峰的提取 ……………………………………………… 91
6.4 声学元音图 ………………………………………………… 93
6.5 语音量子理论 ……………………………………………… 96

第七章　噪声、浊音和辅音 ……………………………………… 98
7.1 辅音的发音性质 …………………………………………… 98
7.2 读语图识辅音 ……………………………………………… 106
7.3 辅音的声学性质 …………………………………………… 112
7.4 辅音参数的提取 …………………………………………… 115

第八章　语言发声类型 ········· 120
8.1 谐波分析 ········· 120
8.2 逆滤波分析 ········· 122
8.3 频谱倾斜率分析 ········· 125
8.4 多维嗓音分析 ········· 127
8.5 声门阻抗分析 ········· 130
8.6 嗓音音域分析 ········· 133
8.7 嗓音分析方法的进展 ········· 135

第九章　韵律和情感 ········· 136
9.1 韵律与情感 ········· 136
9.2 呼吸与韵律 ········· 137
9.3 基频与韵律 ········· 142
9.4 发声与情感 ········· 144
9.5 语音情感的复杂性 ········· 147

第十章　语音的感知 ········· 149
10.1 语音感知研究 ········· 149
10.2 音位学语音感知的方法 ········· 150
10.3 语音感知样本合成 ········· 151
10.4 元音的感知 ········· 153
10.5 塞音的感知 ········· 154
10.6 塞音 VOT 的感知 ········· 155
10.7 声调的感知 ········· 156
10.8 发声类型的感知 ········· 159
10.9 语音感知的其他因素 ········· 160

第十一章　信号采集和田野录音 ········· 161
11.1 录音笔录音 ········· 161
11.2 电脑录音 ········· 162
11.3 语音多模态信号采集 ········· 164

11.4 视频信号采集 …………………………………………… 165
  11.5 修建录音室 ……………………………………………… 167
  11.6 田野调查的录音环境 …………………………………… 169
  11.7 文件管理 ………………………………………………… 172

第十二章　语音多模态和语音应用研究 ………………………… 173
  12.1 唇形模型研究 …………………………………………… 173
  12.2 声道模型研究 …………………………………………… 175
  12.3 嗓音模型研究 …………………………………………… 177
  12.4 肺模型研究 ……………………………………………… 179
  12.5 电子腭位研究 …………………………………………… 183
  12.6 代偿性发音研究 ………………………………………… 184
  12.7 声纹鉴定研究 …………………………………………… 185
  12.8 病理语音研究 …………………………………………… 187
  12.9 语音与读写障碍研究 …………………………………… 187
  12.10 言语艺术和口传文化研究 …………………………… 189

附　录 ………………………………………………………………… 191
  实验课一：提取基频研究声调 ……………………………… 191
  实验课二：提取共振峰研究元音 …………………………… 191
  实验课三：开商和速度商研究发声 ………………………… 191
  实验课四：提取辅音参数 …………………………………… 191

参考文献 ……………………………………………………………… 192

第 一 章 语音学与实验语音学

章节简介：
  本章主要介绍：1）传统语音学；2）X 光技术的应用；3）频谱分析技术的应用；4）生理和医学技术的应用；5）语音学与语言学；6）语音学与言语科学和言语工程；7）语音学与人类语言复杂系统；8）语音学的学科范畴。本章的主要目的是让学习者对语音学的历史、发展过程和现状有一个整体的了解。

1.1 传统语音学

  语音学是一门既古老又年轻的学科。说它古老，是因为语音学早在人们开始关注语言时就产生了；说它年轻，是因为随着人类科学技术的发展，语音学在不断采用新的技术和研究方法。所以，语音学在研究方法和理论上既有深厚的传统，又有新的活力。

  早在西方殖民时期，由于探索新大陆的需要，西方大量传教士开始奔赴世界各地传播宗教。除了宗教知识外，传教士还需要具备深厚扎实的听音和记音的基本功，因为一个传教士到了一个新的地方，首先要学习当地的语言，然后才能进行传教活动。一百多年前，西方传教士就从东南亚进入了中国，在云南等少数民族地区学习当地语言并进行传教活动。在云南怒江峡谷北端的丙中洛，至今还保留有完好的教堂和传教士的墓地。

那么传教士在一个完全未知的语言环境中需要具备什么样的语言调查技能，才能完成语言的学习和宗教的传播呢？首先就是要具备传统语音学和语言学的基本技能。形象地说，如果将一个传教士放在一个孤岛或丛林中，去一个说一种未知语言的部落，他需要在一两天内用国际音标（International Phonetic Alphabet，简称 IPA）记录几百个词，然后整理出这种语言的音位系统；在一个月内记录一千个这种语言的基本词，然后创制拼音文字；在半年或更长的时间内记录故事和长篇语料，研究语法和编纂词典；最后是翻译赞美诗和宗教典籍，进行传教活动。从中可以看出传统语音学在人们认识未知语言过程中的作用，同时也可以看出传统语音学和音位学同语言的密切关系。由于传统语音学主要的技能是听音和记音，因此，也将传统语音学称为"口耳之学"。

在中国偏远的少数民族地区，如喜马拉雅山脉南坡的丛林中，还有不少语言和方言没有调查。因此，传统语音学在中国现代语言学的调查和研究中，仍然具有重要的实际意义和理论意义。

1.2 X 光技术的应用

1895 年，德国物理学家伦琴在研究阴极射线管中的气体放电现象时，发现了一种能穿透物体的光线。由于当时人们对这种光线的性质还不清楚，因此称之为 X 光，也称伦琴射线。X 光是人类的一个伟大发现，现在我们知道它是一种波长很短但能量很大的光线。X 光的发现对人类，特别是对现代医学做出了很大的贡献。

自从发现了 X 光，人们很快就将其应用于语音学的研究中，拍了大量英语和法语的发音过程，由此了解了发音器官的基本部位和运动方式，如齿龈、硬腭、软腭、舌尖、舌面、舌根、口腔、鼻腔和咽腔等，也认识到舌面最高点和元音的关系。X 光直接应用于语音学的研究，使人们从内省感知语音的时代进入了科学实证研究语音的时代。因此可以说，X 光的应用是语音学从传统走向科学的第一个飞跃，使语音学开始和言语生理学形成了学科的交叉和结合。

1.3 频谱分析技术的应用

在第二次世界大战期间，由于军事上的需要，科学家们发明了雷达技术，这种技术主要是基于信号的频谱分析。我们知道，声音和信号都是由不同数目的正弦波叠加组成，将各个正弦波从声音信号中分解出来就是频谱分析。

二次大战后，贝尔实验室出版了《可视语言》(Ralph K. Potter, George A. Kopp, Harriet C. Green, 1947) 一书，该书利用频谱分析技术全面系统地分析了英语的语音，使人们认识了语音的大量物理性质。例如，在声学上，元音由不同的共振峰组成，塞音由冲直条脉冲组成，擦音和送气音主要由噪音乱纹组成。通过和X光发音动作图对照研究，人们发现了共振峰和舌位运动的关系以及过渡音征和辅音的关系。语音频谱分析技术的使用不仅使语音学走向科学，同时也奠定了言语科学和言语工程的基础。频谱分析方法用于语音学的研究，是语音学走向科学的第二个飞跃，从此，语音学开始和言语声学形成学科的交叉和结合。

1.4 生理和医学技术的应用

随着科学技术的快速发展，医学领域出现了大量语音医学诊断和治疗的新技术及方法，并逐步用于语音学的研究，如电子腭位技术用于辅音的研究，高速摄影技术用于声带振动的研究，螺旋CT和磁共振成像（MRI）技术用于声道形状和运动的研究，功能性磁共振成像（fMRI）用于大脑语音处理的研究，呼吸带用于言语呼吸节奏和韵律的研究，喉头仪（EGG）用于发声类型的研究，肌电仪（EMG）用于发音肌肉的研究，脑电仪（ERP）用于语音感知的研究等。这些生理、医学技术和仪器的使用，大大推动了语音学在理论和方法上的进步及发展。基于语音的生理研究成果，语音生理几何模型和语音生理模型也逐步发展起来，这些模型通过模拟人类语音的产生推动了语音科学的发展。

1.5 语音学与语言学

传统语音学完全是为语言学服务的，是语言学的基础和一个分支。在大量使用了声学和生理学的研究方法后，语音学研究的内容也发生了变化，和许多学科形成了交叉和重叠。以我国语音学研究为例，1925年，刘复先生在北京大学成立"语音乐律实验室"，标志着中国的语音学从传统走向了实证，也标志着现代语音学进入了中国。在之后的九十多年中，人们广泛认识到了声调的物理性质和语言学意义，同时也认识到了声母和韵母作为汉藏语系语言的一个单位在音节结构中的地位和语言学上的重要意义。从上个世纪80年代起，语言学界针对中国民族语言的发声类型进行了大量的研究（孔江平，2001）。近年来，研究又发现汉语方言中的语言发声类型也具有一定的音位功能（Cao & Maddieson，1989；Rose，1989；关英伟，2013；张锐锋、孔江平，2014；Guan，2015）。在本世纪初，脑科学的发展也进入到语音学领域，脑电仪、功能性磁共振成像被用于语音大脑活动定位和感知的研究。可以看出，随着科学的发展，语音学和语言学仍然有着密切的关系，因此将其称为"面向语言学的语音学"（linguistic phonetics），推动了语言学的发展。

1.6 语音学与言语科学和言语工程

自从语音学广泛采用了声学频谱的分析方法，语音学与言语科学和言语工程就形成了学科交叉。语音学家利用声学频谱对世界各种语言的语音进行声学分析，探索语音的共性和语音在音位中的语言学意义，发现了大量语音的特性和基本规律，如共振峰结构和元音的性质，擦音频率下限和强频区对擦音性质的重要性，过渡音征对塞音感知的意义等。基于语音学家和言语科学家研究的成果，言语工程有了很大的发展，如英国人霍姆斯（Holmes）利用并联电路开发的合成器利用声学参数合成语音，美国人柯莱特（Klatt）将串联电路合成器进行改进建立了串并联电路合成器，大大提高了合成语音的质量。反过来，由于参数合成器在语音合成过程中能严格控制参数，为语音的感知研究和脑科学研究提供了支持。

1.7 语音学与人类语言复杂系统

语音学与人类语言复杂系统近几年才开始受到人们的关注。这是因为随着脑科学的发展，语言的各个方面，如语言认知、语言习得、语言演化、语言病理、语言工程等，作为人类行为中最复杂的一套行为系统越来越受到关注，展现出了广阔的研究前景。

在语言学的研究领域，语音学从生理发音部位的描写发展到语音声学分析，又从语音声学分析发展到语音样本的参数合成。真正的参数合成是指具有语言学意义的参数，这需要建立语音的语言学模型。以此合成出来的语音样本，可以用于语音的大脑感知研究，为语音脑科学的研究奠定基础。语音作为语言活动的重要物理外壳，涉及语言的各个领域，如由大脑控制发音生理机制形成语音；音素通过大脑形成音位；由于语言接触，语音在不同的语言系统中通过竞争发生演变；在学习中，语音习得通过大脑形成系统；大脑对语音的个体辨识和群体识别；口吃、腭裂发音、腹语、含灯大鼓等代偿性语言行为和特殊行为。这一切构成了语音在人类语言复杂系统中的一个方面，展示了语音在人类语言复杂系统中的特殊地位和广阔的研究前景。

1.8 语音学的学科范畴

传统语音学的学科范畴是很明确的。它是语言学的一个分支，主要是利用国际音标，通过听音记音来完成语言学田野调查的语音记录，因此称为"口耳之学"。在完成记音后，其他工作就交给音位学（phonemics）。可以看出，传统语音学的学科范畴比较窄，内容也有限，与其说是一门学科，不如说是一种技能。然而语音学发展到现代语音学阶段，其学科范畴已经变得十分宽广，同许多其他学科形成了交叉，研究的内容也和其他许多学科重叠，因此就有了声学语音学、生理语音学、心理语音学、病理语音学、司法语音学、神经语音学、工程语音学、方言语音学、声乐语音学等。

语音学原本的学科范畴是研究语音的语言学意义,即语音中具有区别意义的语音性质。下面以此为标准来讨论一下现代语音学的学科范畴。声学语音学和言语声学不同。言语声学主要研究语言的声学性质,包括语音信号的处理方法,而声学语音学只研究语音在某种语言中有区别意义的声学特性。生理语音学研究语音中具有区别意义的生理机制,而言语生理学主要关注言语产生的生理机制。如,声带能否正常振动是言语生理学研究的主要内容,而声带振动的差别到什么时候形成具有不同语言学意义的两种发声类型是生理语音学研究的内容。心理语音学和心理物理学有很大不同。心理语音学主要关注音位的感知范畴,如声调的感知范畴,无论是采用行为学的方法还是采用脑科学的方法。心理物理学则主要关注人们对语音的普遍反应规律,如听觉域和音高等。再举一个工程语音学的例子。在语音合成中,目前言语工程不太关注言语产生的原理,更注重统计模型,因此和语音学的关系越来越小。但早期的参数合成则广泛应用了语音学的知识。从以上的讨论来看,将语音学的学科范畴定义在语言学的范畴内,定义在研究语音的语言学意义上比较合理和明确。但这并不排除其他学科也研究语音的语言学意义。和语言学一样,语音学研究的对象都具有民族性。

最后,说一下"实验语音学"这个名称。实验语音学是语音学发展过程中某一个时期的称呼,这主要是因为语音学在大量采用了实验的手段和方法后,人们需要单独花费很大精力来学习这些方法,所以称为"实验语音学"。但随着语音学的发展,几乎任何语音学研究都需要进行实验,所以"实验"二字就显得越来越没有意义。但从教学的角度,我们还是将这本教材称为"实验语音学教程";又因为这本教材主要是为本科生学习语音学的基本实验方法和基础理论而设计,所以最终命名为《实验语音学基础教程》。

第二章 语音生理基础

章节简介：
  本章主要介绍：1) 发音器官的演化和形成；2) 语音的调音器官；3) 语音的发声器官；4) 呼吸系统；5) 听觉及神经系统。本章的目的是让学习者了解语音产生的基本生理知识。

2.1 发音器官的演化和形成

  生物在起源和演化过程中逐步形成了不同的交际方式。现代科学研究表明，无论是昆虫还是哺乳动物，都有自己的交际方式，如化学气味、舞蹈动作和声音。这些交际方式无论是发达还是简单，都能满足各种生物当前生存的需要，而且不同物种的交际方式也都在随着物种的进化而发展。
  古人类学研究表明，大概在五百万年以前，人类从类人猿进化而来。1974年11月，美国科学家唐纳德·约翰森等人在埃塞俄比亚的哈达尔地区发掘出一具古人类化石，根据骨骼的形态分析，是一名二十岁左右的女性，被命名为"露西"。研究表明，露西生活在三百万年以前，已经能够直立行走。后来该地区又发现了许多古人类化石，通称为"阿法南猿"化石。目前大多数科学家认为阿法南猿是最早的人类。根据科学家对古人类化石的发音器官和大脑容量，特别是布洛卡区容量的研究，人类的语言大约形成于五万年前。我们知道，人类的语言主要是基于声音，而语音的产生基于人类生理和心理的进化。一般来讲，主要有以下几个方面：第一是人类的直立行走,这使得人类的声道发生弯曲,从而能形成更多的声道共鸣形状,产生足够多的元音,大大增加了音素的个数;第二是由于人类直立行走解放了双手,从而牙齿不再用于采集食物,这导致了人类上下颌和牙齿的退化、后缩和变小,特别是犬齿的退化和变小,这些变化最终使得人类上下颌可以更好地密闭,发出更多的辅音。这两点使人类在生理上具备了语言形成的基础。图2.1[①]是现代猿、北京猿人和现代人头盖骨的侧面像,可以看出上下颌在逐步后缩和变小,而大脑的容量在逐步变大。

现代猿　　　　　　北京猿人　　　　　　现代人

图 2.1　猿类和人类头骨

2.2 语音的调音器官

真正意义上的语言发音系统应该是人类独有的,因此不管说什么语言,语言的发音器官都具有一些共同的特性,因为人类的发音器官是经历了上百万年的演变进化而来,这是一段很长的时间。语言的民族性和人类发音器官的漫长进化相比,显得微不足道。整体来讲,发音(speech production)系统包括了调(tiáo)音(articulation)和发声(phonation)两个方面。"调音"这个词来自电声学。过去在没有认识"发声"系统时,用"发音"来表示整个语言的发音。后来认识到了"调音"和"发声"的不同以后,才选择了"调音"来表示口腔中利用舌、腭、唇、齿等器官组合发出的声音,而用喉头、声带等器官组合发出的不同嗓音称为"发声"。"发音"则用来表示调音和发声的综合。调音和发声有明确的区分和定

---

① 书中引用的图片和文字资料如未注明均来自网络。

义，从言语声学原理和数学模型也能看出这种分类的合理性。

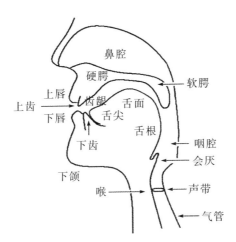

图 2.2　人类发音器官名称

调音器官主要有：上唇、下唇、上齿、下齿、齿龈、硬腭、软腭、舌尖、舌面、舌根、鼻腔、咽腔等，见图 2.2 和 2.3。上唇和下唇可用于发双唇塞音等。上齿和下唇可以用于发唇齿音。舌尖、舌面和舌根同齿龈、硬腭和软腭相配，常常可以用于发舌尖齿龈音、舌面和舌根塞音、塞擦音等。舌面高低和双唇配合常常可以用于发圆唇和展唇的各种元音。软腭和双唇、舌尖、齿龈相配合可以用于发双唇鼻音、前鼻音和后鼻音。

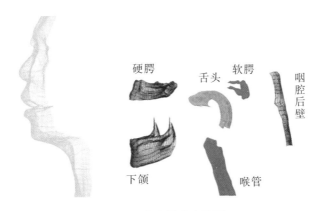

图 2.3　发音器官立体图

2.3 语音的发声器官

语音的发声器官主要是指喉头和声带。随着对声带振动的认识的加深,人们发现声带在不同的语言中常常会以不同的振动方式产生不同的嗓音。这些嗓音包括:正常嗓音(modal voice)、高音调嗓音(high pitch voice)、假声(falsetto)、挤喉音(creaky voice)、气泡音(vocal fry)、气嗓音(breathy voice)等。在一种语言里,这些不同的发声类型有时会具有语言学意义而成为音位,有时则只是伴随特征,不具有语言学意义。那些不具有语言学意义的嗓音发声类型,在语言教学、言语工程、言语病理等方面也具有重要的实际应用价值。对于面向语言学的语音学来说,语言发声类型研究主要集中在语言的区别性特征方面。

从生理解剖上讲,语言的发声类型主要涉及喉头和声带等器官,主要包括:甲状软骨、杓状软骨、环状软骨、会厌软骨、舌骨和声带,见图2.4。其中左面是前视图,右面是侧视图,中间是分解图。甲状软骨最大,位置在中间。男性的甲状软骨比较突出,手可以摸到。杓状软骨在甲状软骨里面,环状软骨在甲状软骨的下面,上面是会厌软骨。软骨之间由韧带固定连接,甲状软骨和舌骨中间由薄膜连接。软骨由韧带连接,而其运动主要由肌肉完成。下面从软骨和肌肉的角度分别对喉头的各个部位进行扼要的描述,以便读者对喉头的基本发声功能有简要的了解。

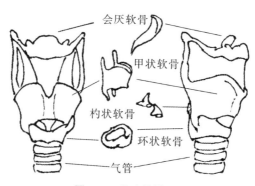

图 2.4 喉头软骨图

甲状软骨由两个薄片组成，它们在中线位置相互连接，形成了一个大约90°到120°的角。成年男性甲状软骨所形成的角度往往比女性和儿童的小，造成一个喉部的突出，通常称为喉结。甲状软骨两个薄片的后端边线处生出四个突起，向上的叫作上角，通过韧带与舌骨相连；向下的叫作下角，和环状软骨相连。

环状软骨位于甲状软骨的正下方。它形成了一个坚硬的环，整体围绕成喉的空气通道。它可能会被认为是呼吸道的最上端，但它的形状和360°的坚硬结构都与呼吸道不同。从后面看，环状软骨像一个六角形盘子，背部中线处有脊状突起。

杓状软骨（成对）形状呈锥体，位于环状软骨上端较宽的后部。每个杓状软骨底部是两个突。后面部分是肌突，前面部分是声带突。

会厌软骨类似于鞋舌头，并有一定的相似功能。正如当鞋子系紧时鞋舌头会盖在脚面上一样，当需要紧闭空气通道时，会厌软骨会折过来盖住通往喉的入口。会厌软骨通过它的连接组织和甲状软骨的内部表面相连（位置在甲状槽口的下端），会厌形成了一个密室的前部。会厌密室会在食物通过时开启，但当呼吸道打开时可以形成共鸣腔。尤其要注意，会厌连接着舌根部，同时它也通过舌骨会厌的韧带连接着舌骨。

舌骨具有马蹄形结构，不是喉的组成部分，部分地环绕着会厌的顶端。舌骨通过甲状舌骨肌薄膜和上角连接着甲状软骨。有许多肌肉固定在这个骨头上。

喉部肌肉分为内在肌和外附肌。内在肌连接喉的软骨，外附肌连接喉与周围的组织，如胸骨或舌骨。主要的肌肉包括：甲杓肌（thyroarytenoid muscle）、环甲肌（cricothyroid muscle）、环杓侧肌（lateral cricoarytenoid muscle）、环杓后肌（posterior cricoarytenoid muscle）、杓间肌（interarytenoid muscle）和杓会厌肌（aryepiglottic muscle），见图2.5。

甲杓肌（成对）沿着甲状软骨一直延伸到杓状软骨。它形成了声带的主体。一般被分为两束：声带肌和括约肌。一个假说是：括约肌可能用来使声带缩短，而声带肌可能用来微调正中间的肌肉纤维的紧张度。这两束肌肉收缩时都是要把杓状软骨往前拉，从而使声带变短变厚。这个过程中肌肉会变硬。

环甲肌（成对）也包括两部分。它们都是从环状软骨的前端弓形处生出。这个肌肉垂直部分（直部）向上去依附甲状软骨薄片的部分越多，其倾斜部分（斜部）向后上方去依附甲状软骨下角的部分就越多。环甲肌是主要的音高控制肌肉。通过提高环状软骨弓，下压甲状软骨片，环甲肌变短，声带变长。

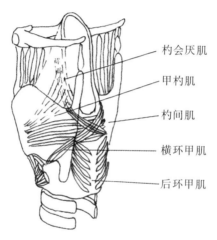

图 2.5　喉头肌肉图

环杓侧肌（成对）从环状软骨弓的上边线生出，插入对应的杓状软骨肌突。它的功能相当于一个内收肌，可以拉着杓状软骨向前和向中运动。环杓侧肌在环杓关节处使杓状软骨旋转和向前摆动，这样使声带突聚合。

环杓后肌（成对）从环状软骨的后平面生出，向上侧面延伸，然后插入杓状软骨的肌突。它是声带的主要外展肌。作用相反的两个肌肉组织被称为收缩—对抗肌。环甲后肌和环杓侧肌就是这样的一对。环甲肌和甲杓肌也是。

杓间肌连接两个杓状软骨，也被认为分为两部分。杓间横肌（非成对）覆盖着杓状软骨的整个后面部分。它从一个杓状软骨的侧边生出，水平延伸，连接到另一个杓状软骨侧边。斜部（成对）从一个杓状软骨的肌突处生出，然后成对角线地向上延伸，插入到另一个杓状软骨的顶端。杓间肌的作用相当于声带的内收肌，它帮助环杓侧肌收缩声门，但它的功能是密封声门的后面部分，而非前面部分。

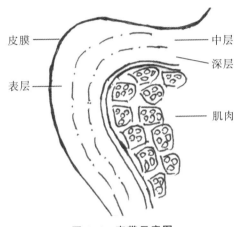

图 2.6 声带示意图

声带位于喉部最窄的位置。声带上面是喉室（laryngeal ventricle），也叫摩根尼窦。室皱襞（ventricular fold）上方是四角形的薄片和杓状会厌襞。它俩可以一起使喉的上部收得更紧。声带、室皱襞、杓状会厌襞和四角形薄膜组成了一个襞系统。当某种肌肉运动时，这个系统会使喉部呼吸道迅速和完全地密封。图 2.6 为冠状面右侧声带的层状结构。最外层是由分层鳞状上皮组成的一层薄皮，约 0.05 至 0.10 毫米厚。这个上皮组织封装着更软的、流状的组织，像一个装着水的气球。固有膜（lamina propria）是一个非肌肉组织的层状组织，介于上皮组织和肌肉之间。它被分为三层：表层（superficial）、中层（intermediate）和深层（deep）。固有膜的表层主要是由组织液环绕的松软的弹力蛋白纤维（elastin fibers）组成。这种蛋白纤维可以允许很大的拉伸。中层的厚度约为 0.5 毫米，也是由弹力蛋白纤维构成。它们很一致地都是前后方向生长。同时也有一些胶原蛋白纤维（collagen fibers）。深层主要由胶原蛋白纤维组成。这些纤维几乎不能延伸。深层纤维也是沿着前后方向生长的。中层和深层合起来大约 1 至 2 毫米厚。甲杓肌位于固有膜的后面,是声带的主要部分,大约 7 至 8 毫米厚。

表 2.1 声带结构分层表

三层分法	五层分法	两层分法
黏膜层	皮膜 / 表层	覆盖层
韧带层	中层 / 深层	
声带肌肉层	肌肉	声带主体

根据不同的研究目的,可以将声带软组织层分为五层、三层或两层。五层分为:皮膜、表层、中层、深层和肌肉。三层分为:黏膜层(上皮细胞和固有膜的外层)、韧带层(固有膜的中层和深层)和声带肌肉层(甲杓肌)。两层分为:覆盖层(上皮细胞、固有膜的外层和中层)和声带主体(固有膜的深层和声带肌)。见表 2.1。

2.4 呼吸系统

人类语言的动力是借用人类的呼吸系统。呼吸原本的功能是维持人类的生命,而不是产生语言。从生理的角度,呼吸系统分为:1) 呼吸道,包括声道和气管;2) 肺;3) 胸腔,包括胸肋骨和胸部肌肉群;4) 腹部肌肉群,包括横膈膜和腹肌。

呼吸道由五部分组成。第一部分是鼻通道,包括:鼻孔、鼻腔和软腭。第二部分是口通道,包括:双唇、上下牙齿、舌、硬腭和软腭组成的口腔。鼻通道和口通道在软腭处汇合。第三部分是咽腔,即从软腭经会厌到喉头上端。第四部分是喉头,主要由声带构成,像一个阀门或开关。第五部分是气管,即从喉头下端经分叉到肺部。空气可以从鼻腔或口腔进出,通常呼吸时气流主要是从鼻腔进出,但说话时气流主要是从口腔进出,只有在发鼻音时气流才从鼻腔流出。

肺像是两个封闭的袋子，左右对称，由肺泡组成。肺本身是没有肌肉的，所以不会收缩。胸腔由胸肋骨和胸部肌肉群组成。胸肋骨后面接脊柱，肋骨间由肌肉组成，分为肋间内肌和肋间外肌。当肋间外肌收缩时，胸腔变大，吸入空气；当肋间内肌收缩时，胸腔变小，呼出空气。横膈膜在呼吸系统中很重要，它将胸腔和腹腔分成两部分。横膈膜的肌肉群和腹肌对呼吸都很重要，这些肌肉群的运动也可以使胸腔变大和缩小。

在正常状态下，大多数人习惯于用腹呼吸，也有些人会用胸呼吸。在说话时，通常胸呼吸和腹呼吸会一同使用。研究表明，腹呼吸主要提供说话时的动力，而胸呼吸和发音有较密切的关系。但在唱歌时，胸呼吸和腹呼吸往往会有很复杂的配合，而腹呼吸在许多民族的声乐口传文化中都起着极为重要的作用。

2.5 听觉及神经系统

人类的听觉系统主要包括：外耳、中耳和内耳。从语言听觉的角度看，外耳主要包括耳廓和外耳道。耳廓的形状很复杂，其功能主要是收集外界传来的声音并将其反射到耳道中。从声学的角度看，外耳道的尺寸很特别，它主要对人的语言频谱范围进行加强。这种尺寸的形成基于人类长期的进化。在人类进化过程中，听觉作为生存的条件越来越不重要，因为人类主要靠大脑思维来进行防御和捕猎，因此听觉相对退化，只保留了语言听觉功能。见图2.7。

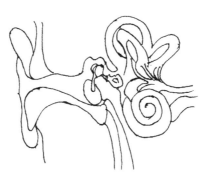

图 2.7　听觉器官

中耳有耳膜和听小骨。耳膜将外耳道和中耳及内耳隔离开，这使得外面的物体无法进入。耳膜是外耳和中耳的过渡组织，很薄并且容易破裂，是一个很脆弱的组织。其功能是将外界传来的声音聚集起来，传导给听小骨。听小骨有三块，分别是：锤骨、砧骨和镫骨。锤骨形状如鼓锤，有头、柄、外侧突和前突。锤骨头与砧骨体形成砧锤关节；柄附于鼓膜上，其上端有鼓膜张肌附着；外侧突为鼓膜紧张部与松弛部分界的标志；前突以韧带连于鼓室前壁。砧骨的形状像砧子，分为体、长脚和短脚。砧骨长脚与镫骨头形成砧镫关节，短脚以韧带连于鼓室后壁。镫骨的形状像马镫，可分为头、颈、前脚、后脚和底。底以韧带连于前庭窗边缘。这三块听骨相连，将鼓膜的振动集中放大并传到耳蜗上。另外，在外界传来巨大声响时，听骨可以及时和耳鼓分离，避免对耳蜗产生损伤。

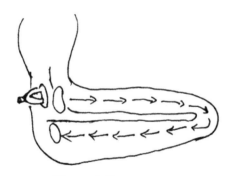

图 2.8　耳蜗展开示意图

内耳处于颞骨空腔中，主要包括前庭和耳蜗。前庭是人体平衡系统，和耳蜗相连。耳蜗是听觉神经末梢，负责将来自外耳和中耳的机械振动（即声音）转换为神经信号。图 2.8 是耳蜗展开的示意图，图中镫骨将声音的振动通过卵形窗传导给耳蜗，达到耳蜗顶端返回，振动在圆形窗释放。

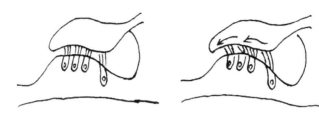

图 2.9 基底膜示意图

耳蜗中的基底膜上排列着听觉神经末梢，会将振动转换为听觉神经信号。图 2.9 为基底膜工作的示意图，左图是无振动时的状态，右图是有振动时的状态。基底膜组织的错位，刺激了听觉神经末梢，产生听觉神经信号。在转换过程中，耳蜗负责将不同的振动分解，根部主要转换高频信号，顶端主要转换低频信号。现在的人工耳蜗就是利用了人类听觉的这一功能，将一组电极通过手术置于耳蜗中，以达到恢复听觉的目的。

第 三 章　语音学和音位学

章节简介：
　　本章主要介绍：1）语音学和音位学；2）辅音及分类；3）元音及分类；4）声调及分类；5）语言发声类型；6）音素和音位；7）音位处理的原则；8）语言田野调查基础。本章的目的是让没有学习过普通语音学和音位学的学习者掌握一些基本概念，以便更好地理解后面章节的内容。

3.1 语音学和音位学

　　中国隋末有一个叫陆法言的学者，他整理出版了一本韵书，名为《切韵》，书中利用声调、声母和韵母对当时的汉语进行了语音的描写和分类。在《切韵》之前，中国已有十几本韵书，最早的一本叫作《声类》。但这些韵书都已经失传了，只能在后来的文献中看到一些遗迹。到了宋代，由于社会的需要，皇帝下诏书对《切韵》进行了修订，出版了《大宋重修广韵》（又名《广韵》）。该书详细描写了宋代汉语的语音系统。这个语音系统是中国目前保留得最完善的语音音位系统，学界称为汉语中古音。

　　可以看出，中国在很早的时候就对语音学有了很深入的研究，如《切韵》提出的声类的概念，同时提出的汉语声母和韵母的概念以及音节反切的描写方法，都是中国古人对语音学和音位学的贡献。从《广韵》来看，汉语已经有了四声，即"平、上、去、入"；声母有 36 个，每一个声母用一个字表示，如"帮滂并明"等；韵母有 206 个（这个数字看起来很大，但实际上它是包含了声调在里面。如果和声母组合，也应该有 1000 多个音节）。这些表明，中国古代已经有了语音学和音位学的基本理论框架。再往后，汉语有《中原音韵》《洪武正韵》等反映不同时期语音面貌的韵书，直到现在我们有汉语普通话拼音方案。

从功能上看，语音学和音位学的发展主要是源于社会的需要。在中国，社会和文化的发展直接促进了语音学和音位学的发展，比如诗歌、戏剧、歌曲等的创作都需要文字的押韵。而后来中国的科举考试，需要全国有标准和规范的语音系统。这都促进了语音学和音位学的产生和发展。现代语音学和音位学主要起源于欧洲，早期的发展和西方列国的殖民主义扩张有密切关系。为了探索新的大陆，大量传教士被派往世界各地。因此，传教士在语音学、音位学和语言学的发展中起到了非常大的促进作用。

语音学和音位学的经典书籍主要有《语言分析纲要》（布洛赫、特雷杰著，1965；赵世开译，2012）、《语言论》（布龙菲尔德著，袁家骅、赵世开、甘世福译，1980）和《现代语言学教程》（霍凯特著，索振羽、叶蜚声译，2003）。这些经典著作中有大量对语音学和音位学基本理论的描述。语音学主要是对人们能分辨出来的最小语音单位——音素（segment）进行描写；而音位学主要是对能区别意义的语音单位——音位（phoneme）进行描写。

3.2 辅音及分类

辅音的分类可以有不同的角度。传统语音学通常按发音部位和发音方法对辅音进行分类。

按照发音部位的前后，辅音可以分为唇音、舌尖音、舌叶音、舌面音、小舌音、喉壁音和喉音。唇音可以分为双唇音和唇齿音。舌尖音可以分为齿间音、舌尖前音、舌尖中音和舌尖后音。舌面音可以分为舌面前音、舌面中音和舌面后音。

按照发音方法，辅音可以分为塞音、塞擦音、鼻音、颤音、闪音、边音、擦音和通音。由于辅音可以根据声带是否振动分为清辅音和浊辅音，所以，塞音可以分为清塞音和浊塞音，塞擦音可以分为清塞擦音和浊塞擦音，鼻音可以分为清鼻音和浊鼻音，边音可以分为清边音和浊边音，擦音可以分为清擦音和浊擦音。

表 3.1　国际音标辅音表

THE INTERNATIONAL PHONETIC ALPHABET (revised to 2005)
CONSONANTS (PULMONIC)   ©2005 IPA

	Bilabial	Labiodental	Dental	Alveolar	Postalveolar	Retroflex	Palatal	Velar	Uvular	Pharyngeal	Glottal
Plosive	p　b			t　d		ʈ　ɖ	c　ɟ	k　ɡ	q　ɢ		ʔ
Nasal	m	ɱ		n		ɳ	ɲ	ŋ	ɴ		
Trill	B			r					ʀ		
Tap or Flap		ⱱ		ɾ		ɽ					
Fricative	ɸ　β	f　v	θ　ð	s　z	ʃ　ʒ	ʂ　ʐ	ç　ʝ	x　ɣ	χ　ʁ	ħ　ʕ	h　ɦ
Lateral fricative				ɬ　ɮ							
Approximant		ʋ		ɹ		ɻ	j	ɰ			
Lateral approximant				l		ɭ	ʎ	ʟ			

Where symbols appear in pairs, the one to the right represents a voiced consonant. Shaded areas denote articulations judged impossible.

　　在辅音的分类上，各个国家都会根据自己国家语言的情况做出一些调整，因此对国际音标的使用和解释也会不同。按照国际音标对语音的定义，国际上将中国语言的塞擦音定义为两个音素，即复辅音。这不符合中国语言的具体情况，因为汉藏语系的塞擦音是不可分割的。另外，两个塞擦音在汉藏语系语言的复辅音声母中也从来没有出现过。这都说明了塞擦音在汉藏语系语言中是一个独立的辅音单位，而不是复辅音。

　　人类的发音器官可以发出很多声音。随着人类的进化，牙齿逐渐退化，特别是犬齿的退化，使得双唇能够闭紧，口腔里面可以形成一个密封的腔体，这为产生辅音不同的发音方法奠定了生理基础。发音部位和发音方法的组合使人类能够发出比其他动物多得多的辅音，辅音和元音再进行组合就可以发出上千个音节来。但对于一种语言来说，不是所有的声音都可以用来作为语言表达的一个单位。

3.3 元音及分类

　　在传统语音学里面，人们发元音时首先能看到的是口腔开口度的大小，所以可以按开口度大小对元音进行分类，如开口度小的元音有［i］、［y］、［u］等，开口度大的元音有［a］等。根据口腔的开闭程度，可以将开口度大的元音称为开元音，开口度小的元音称为闭元音。从这个角度，元音可以分为闭元音、半闭元音、半开元音和开元音。X光应用于语音研究后，人们可以看到舌头的运动，就拿舌头运动的最高点作为对元音分类的一个最重要的参数，将元音分为高元音、半高元音、半低元音和低元音。

人们利用X光还发现了舌位最高点的前后运动，这样就又出现了舌面前后这个维度。从前后维度来对元音分类，就有了前元音、中元音和后元音。舌面最高点靠前的元音有［i］、［y］、［e］、［a］等，舌面最高点靠后的元音有［u］、［o］等。

根据唇的形状又可将元音分为展唇元音和圆唇元音。如［i］、［ɯ］是展唇元音，［y］、［u］是圆唇元音。可以看出，根据唇形又为元音的分类增加了一个维度。

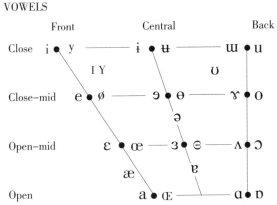

图 3.1　国际音标元音图

根据以上讨论，对元音进行分类至少可以用三维特征来描述。图 3.1 为国际音标元音图，采用的三维特征为：1）闭元音（高元音）、半闭元音（半高元音）、半开元音（半低元音）、开元音（低元音）；2）前元音、中元音、后元音；3）圆唇元音、展唇元音。

采用三维特征可以清楚地描述基本元音系统：1）［i］是前高（闭）展唇元音；2）［e］是前半高（半闭）展唇元音；3）［ɛ］是前半低（半开）展唇元音；4）［a］是前低（开）展唇元音；5）［ɑ］是后低（开）展唇元音；6）［ɔ］是后半低（半开）圆唇元音；7）［o］是后半高（半闭）圆唇元音；8）［u］是后高（闭）圆唇元音。这八个元音是发音部位高低前后的顶端，丹尼尔·琼斯（Daniel Jones）称这八个元音为基本元音（cardinal vowel）。与基本元音对应的展唇元音和圆唇元音，见上图。除此之外，还有一套中元音，如汉语普通话单韵母a，就是中a，用国际音标［A］表示。在中元音里，［ə］被称为央元音。以上构成了元音的基本分类。

元音的分类在语言的田野调查中起到了很大的作用。但是元音的确定也是有很大困难的。在早期传统语音学里，人们是靠听辨和发音来确定元音的特性，达到记录语音的目的。在声学语音学发展后，我们能够更精确地对元音进行描写。

3.4 声调及分类

中国很早就有了很多韵书，在韵书里面就已经分出了平上去入四声。也就是说，中国古代的语言学家在很早的时候就已经发现，音调的变化在汉语里有区别意义的作用，并对它进行了分类。但直到刘复先生发表《四声实验录》（1924）及王力先生发表《博白方音实验录》（2014/1931，原文为法文），声调的声学实质才得以认识。他们在这两本书里面都是用最早期的仪器对声调进行了实验，发现声调的声学特性主要是基频的变化，或者说声带振动快慢的变化。基频的变化在人们的感知上体现为音调高低的变化。虽然这种音调高低的变化古人已经发现，并对它进行了分类和描写，但是直到上个世纪20年代，我们才知道它的物理特性。后来刘复先生又研制乙二声调推断尺。当时的浪纹仪是一个比较简单的机械式声学设备，需要另外的一些方法对它进行计算，最后才能得到基频的变化。

有了声调描写以后，人们对很多语言进行了大量的调查。在进行了大量研究后，赵元任先生提出了一个用五个数字来对声调进行描写的方法，后来人们把它译为"五度标调法"。五度标调法的翻译和赵先生原文还是有一些差别。赵先生的意思实际上就是用五个数值就能对汉藏语系语言的声调进行分类。五度标调法对中国境内汉藏语系语言的声调描写起到了很大的推动作用。比如说现在的汉语普通话的声调，用55来表示阴平，是一个高平调；用35来表示阳平，是一个中升调；用214表示上声，是一个降升调；用51表示去声，是一个高降调。这里面有几个最基本的概念是传统音韵学的，即在《切韵》和《广韵》的时候提出来的，如平上去入四个调类。但随着语言的演化和方言的形成，实际的声调在各个方言里面已经发生了非常大的变化。如天津话的阴平读成21，实际的调值发生了变化，但来源于阴平，而阴平在宋代可能是33调。因此，现在用平上去入来表示声调的一种类型，而用五度标调法来表示实际的调值，形成了调类和调值的区别。

声调的描写里，如果单音节的声调有区别意义的功能，则称为单音节调位；如果两个音节组成复合词或者派生词之后，两个声调共同起区别意义的作用，我们把它叫作双音节调位。双音节调位和单音节调位之间有很复杂的音变关系。通过现在的声学分析，我们知道单音节声调有四个基本调，经过两两组合形成十六个双音节调位。在普通话里，上声加上声，则前面的上声变成阳平。如果去掉这一个的话，实际上汉语普通话有十五个基本的双音节调位。如果加上轻声，还可以出来四个带轻声的双音节调位。这样就形成了十九个双音节调位。

汉藏语系语言的基本语音结构是单音节，由声母、韵母和声调构成。如果音节尾是塞音，通常将这个音节的声调称为促声调，其他称为舒声调。如果该音节的发声类型不同，也可以将其称为不同发声类型的声调。由于声调和元音、辅音有密切的组合关系，所以声调的描写还要进行深入的研究，要在调查的过程中认真区别它的变化，这样才能比较好地描写声调的性质。

3.5 语言发声类型

语言学家在很早的时候就已经发现了语言的发声类型，如马学良先生在研究彝语的时候发现，彝语里面有的元音在发音时喉头很紧，而有的元音则正常，所以提出了松紧元音的概念。[①] 当时，彝语的松紧元音概念实际上是一个语言学的概念，还不是一个语音学的概念。随着实验语音学的发展，人们对语言的发声类型也了解得越来越多。语言发声类型的语音学研究，最早开始于美国加州大学洛杉矶分校（UCLA）的语音学实验室。他们在研究了不同语系语言的发声后，提出了语言发声类型研究的基本方法。

言语产生的整个过程包括三个方面：第一个是声源，也就是声带振动产生的声音；第二个是共鸣，也就是声源通过声道共鸣产生的变化，即调音，比如说 a、i、u 就是通过舌头和声道的变化产生的不同的语音；第三个是唇辐射，一个声音经过辐射会变得更响亮，即声波从口腔内的高密度介质传播到口腔外的低密度介质时会得到加强。研究发现，在言语产生过程中，只有声源和共鸣这两部分会产生语言学意义，而辐射没有语言学意义，所以一般不去研究。在语音学研究中，只有在声源具有语言学意义时才称其为发声类型。语言发声类型是指声带以不同的方式振动所产生的不同声源。

发声类型主要是指声带的不同振动方式。声带振动的快慢即是声带的一种振动方式，其声学表现是频率的高低，属于语言发声类型的范畴。不同的振动方式还体现为一个周期里面，声带打开和关闭的时间不同。声带的打开段称为"开相"，由正在打开相和正在关闭相组成。声带的关闭段称为"闭相"。声带打开时两声带之间的空隙称为"声门"。开相有声门，同时气流冲出；闭相没有声门，气流无法冲出。"开相"和"开相＋闭相（周期）"的比值的变化是发声类型的一个重要表征。语言发声类型的另一个重要表征是正在打开相和正在关闭相比值的不同。简单来说，声带是打开得快关闭

[①] 马学良，1948，倮文作祭献药供牲经译注，《历史语言研究所集刊》（第 20 本上册）。

得慢,还是打开得慢关闭得快,形成了不同的发声类型,因为这些都直接和声波的频谱有密切的关系。

在上个世纪80年代,中国的语音学家认识到了发声类型的概念,开始做实地的录音和声学的分析。中国社会科学院民族所的鲍怀翘先生首先做了佤语发声类型的研究,后来,又做了蒙古语松紧元音的研究。此后,本书作者在民族语言的研究里面做了大量发声类型的实验语音学的研究,出版了中国第一本研究语言发声类型的专著《论语言发声》(2001)。研究表明,中国的语言存在大量发声类型,如,苗语有气嗓音,在语言学层面称为松音,而正常嗓音在语言学层面称为紧音。彝语和哈尼语都有松紧音,紧音是挤喉音,松音为正常嗓音。可以看出,语音学和语言学层面概念是不同的,应该分开对待。

中国语言的发声类型非常丰富。现在我们认识到,在藏缅语里面有很多发声类型,如彝语、哈尼语、景颇语、载瓦语、佤语、苗语中的发声类型。另外,从语言学上看,西部裕固语有带擦元音,蒙古语有松紧元音的不同。所有这些都是在语言学这个层面来对发声类型进行定义,并不是语音学层面的定义。语言学层面发声类型的发现,最终促进了语音学层面发声类型的研究。

3.6 音素和音位

从定义上来讲,音素是语音的最小单位,而音位是能够区别意义的语音的最小单位,二者有很大区别。因为在一种语言里面,不是所有的声音都具有区别意义的作用,通常会有一些音(多是发音相近的音)出现在不同的语音环境,形成了不同的变体。所以一个音位有的时候包括几个音素。而音素只是一个音,它是一个人们能辨别的最小的语音单位。这就是音素和音位的区别。

现代语音学研究表明,人类能发出两千多个不同的音,然而在一种语言中,大多也就是用到几十个音位。音素代表人类发音器官的进化能力,而音位代表人类语言系统音义结合的认知能力。

语言具有民族性。在对印欧语系语言进行语音分析时,都是分析到最小的一个音素，而汉藏语系语言确实是有自己的独特性。在汉藏语系语言里，基本语音单位是音节，音节可再细分为声母和韵母。声母和韵母单位是汉藏语系语言所独有的。汉藏语系语言的声母里面有塞擦音，而国际音标里面是没有塞擦音这样的语音单位的，因为塞擦音被认为是一个塞音和一个擦音的组合，而不是最小的语音单位。

所以，音素是能辨别的最小的语音单位，这是国际上的一个基本概念，并不包括汉藏语普遍存在的塞擦音。中国出版的国际音标表和资料，在辅音分类上都是将塞擦音和塞擦音送气单独列出的。

音位是有变体的。汉语西南官话里面就有很多音位的变体，比如 l、n，从声音上来看明显是两个音素，但是它们不区别意义，变成了一个音位。另外，我们还可以通过汉语和英语的对比，说明音位的变体对语言学习的影响。我们知道，英语有浊塞音音位/b/，同时有清塞音送气音位/p^h/和变体/p/；汉语普通话有清塞音音位/p/和清塞音送气音位/p^h/。这种对应关系，使得中国人在学习英语时常常用汉语的/p/代替英语的/b/。即使是一个英语学得很好的汉语母语者，在英语母语者听他讲英语时，也能很快听出他的口音。音位体系上的这种交叉现象，是人们学习外语时最大的一个困难。再举一个例子，印度人英语说得非常流利，因为他们许多地方的官方语言就是英语。但印度本身的语言是没有送气音的，所以大部分人说的英语都没有送气音，他们把英语里面送气音的送气都抹掉了。拿一段说得非常好的英语，把它的送气部分都抹掉，听起来就如印度英语。这就是音位体系上的交叉对应导致了二语学习者的口音。

3.7 音位处理的原则

人们听到一种语言时，如果认真去记它微小的差别，可以记录出来无数的音。但有些音在我们的语言交谈中没有区别意义的作用。因此，实际上可以不必记小的语音的变体或者语音的细节，只要把大的框架记出来，能够满足所记录语言的需要即可。这样，语音学里面就产生了音位学。音位学记录的主要是音位，是语言的对立单位。

那么，在调查了一种语言的语音之后，怎样将无数的语音处理成音位呢？通常第一天是听音记音，在记录了五六百个词后，就可以对它们进行处理。首先对它们进行排序，也就是把同样的音排在一起，将其作为一个音位。等把所有的音都排出类别以后，去做同音校验。这种音类可以是音素，也可以是声母、韵母和声调。

在建立音位体系的时候，有三个最基本的原则。第一个也是最重要的原则是对立原则，也就是说在两个词之间，需要有一个最小对立，它有区别意义的作用。比如/pa^1/和/p^{h}a^1/，这两个音节中，声母是最小的对立，只有声母/p/和/p^h/区别意义，而后面的韵母/a/和声调阴平是不区别意义的。我们把/p/和/p^h/叫作最小对立对，它体现了音位学的对立原则。第二个是互补原则，即两个音总是出现在不同的位置，但是并没有区别意义的作用。这两个音是同一个音位的变体。第三个原则是相似原则，也就是说，必须是在发音上面比较相似的音才能进行合并。这些相似怎么来决定呢？从语音学发音部位和发音方法来讲，应该要么发音部位相同，要么发音方法相同，这样合并起来才比较合理。如果发音听起来差别太大，通常不会将其合并成一个音位。

在音位处理上，有一个理论性的问题需要研究。这个问题就是音位处理的多样性。从语言理论上讲，一群人说同样的母语，他们大脑里面应该有着共同的音位系统，而不是多个音位系统。但是在实际操作的时候，往往会产生多个不同的音位系统。这主要看音位系统是用来做什么。比如做历史语言学研究，可能有一种处理的方法，这种方法要考虑和语言的历史演变有关的因素，以便更好地解释语言的历史演变。如果为了语言学习，那在处理一个音位系统的时候，要考虑它和未来要建立的文字系统的关系，让它能够既简单又能比较好地表达语言的音位系统。如果是做医学的研究，可能处理出来的是另外一套音位体系。赵元任先生根据这个现象写了《音位标音法的多能性》（1934）这篇文章。但是从现在科学的角度来看，如果说人类大脑里面的音位体系是相同的，那就应该设法找出这个唯一的、和人的大脑感知相对应的音位体系，也就是说人类大脑的音位感知体系，不然的话，它可能导致交际过程中的误解。可以看出，要找到人类大脑中的音位体系，传统的语音学和音位学的理论和方法无能为力，而现代语音学为解决这个问题提供了新的理论基础和研究方法。

3.8 语言田野调查基础

在语言田野调查中，一个语音学家和语言学家应该具备什么样的技能，才能调查好一种语言呢？每一个学生都很想知道。虽然现在人们对世界上很多语言（或者说主要的语言）都已经进行了调查，但实际上还有很多偏僻山区的使用人口较少的语言（或者说是方言），人们并不知道。比如南美丛林里、非洲以及中国的偏远山区还有一些语言人们并不知道，或者没有很深入地进行调查和研究。一个语音学家和语言学家调查一种未知的语言，除了基本的语音学、语言学概念和训练以外，还应该具备以下这些基本能力：

首先是调查音位系统。通过听音记音，用最传统的语音学技能，将这种语言所有的音素记录下来。汉藏语系语言一般要记录三百个词，如果声、韵、调的数量比较少的话，记录三百个词就能进行音位整理。但是有些语言可能要记录到五六百个词才能整理和归纳音位系统。

第二是记录词汇。在得到了音位系统以后，就开始了单词的调查。在这个记录过程中，比较容易记的是实体的词，指着一棵树，指着一个方向，指着某一个物体，就可以把这个词记录下来。这种方式也可以调查动作和人称。相对来说，一些抽象的词就比较难以调查，比如说颜色。我们可以把形状不同但是颜色相同的物体放在一起，把颜色调查出来。

第三是创制文字。有了音位系统和一定量的词汇，就可以来创制文字系统了。利用音位系统创制出一套拼音文字不是很难的事。符号的选择并不一定限于拉丁字母，可选用母语社会中的一些常用图案作为文字系统的符号。

第四是记录故事。有了文字以后,最重要的是要记录这个部落的故事、传说和历史,并念这些故事给当地人听。这个时候就能够稳固所创制文字的体系,也可以从中发现很多问题并进行改进。有了文字以后,可以编写这种语言的教材。有了这些教材,除了给外面的人学习以外,还可以用来教授当地的儿童。

最后,在大量文本的基础上,可以进一步研究这种语言的句法结构和语义结构,从而让它的整体轮廓显现出来。

如果具备了以上田野调查的基本能力,再经过大量实践,掌握了语言田野调查的基本方法,就基本上可以称为一个语音学家和语言学家了。

第 四 章　语音声学基础

章节简介：

　　本章主要介绍：1）声学基础；2）语音声学基础；3）语图分析；4）数字信号基础；5）语音信号处理基础。本章的主要目的是让学习者了解语音的声学基础，为后面章节的学习奠定基础。

4.1 声学基础

　　声学是经典的物理学分支之一，包括很多内容，有经典的理论和应用。本节主要对声音的一些基本概念和特性做一点简单介绍，作为理解语音特性的基础。本节的内容主要有：声波、纯音、波长、波峰、波谷、频率、声压比、强度比、分贝值、音高、响度、共振、声波的叠加、声波的相位、雷诺数等。

图 4.1　声的传播

　　声音是由振动形成的一种纵波，即声音的传播方向和振动方向一致。图 4.1 是声波传播的示意图。从图中可以看出，一个空气分子在声波的推动下开始沿声波的方向移动，达到最大点后开始回归，回归会经过原点向反方向移动。在沿声波方向移动时，空气密度加大产生正压（见图中的红点）；回归到原点时，压力为 0（见图中的白点);向反方向移动时,空气密度减小产生负压(见图中的蓝点)。声波可以在空气、液体和固体中传播,在真空中是不能传播的,因为它的传播必须借助于介质。声音在各类物体中的传播速度是不同的,例如,在空气(15℃)中的传播速度为340米/秒,在海水(25℃)中的传播速度为1531米/秒,在大理石中的传播速度为3810米/秒,在铁(棒)中的传播速度为5200米/秒。由于语音主要是在空气中传播,因此340米/秒是一个需要记住的参数。除了纵波还有横波,横波的传播方向与振动方向垂直,如水波等。

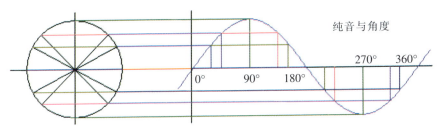

图 4.2　纯音产生示意图

声波是按照正弦方式振动的,见图 4.2。图中有一个圆,圆在滚动时某一点形成的轨迹就是一个纯音波形,可以用正弦的角度来描述。如,起点为 0 度时,声压为正常大气压,在 90 度时声压最大,在 180 度时声压回到正常大气压,270 度时声压达到负压最大值,360 度时再回到正常大气压,如此完成一个振动周期。

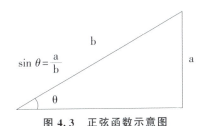

图 4.3　正弦函数示意图

声波可以用正弦函数来表示。图 4.3 为正弦函数的定义,a 比 b 等于正弦的角度。纯音的一个完整的振动周期为 360 度。

表 4.1　特定正弦函数数值

$\theta = 0°$	$\sin\theta = 0$
$\theta = 45°$	$\sin\theta = 0.70$
$\theta = 90°$	$\sin\theta = 1$
$\theta = 135°$	$\sin\theta = 0.70$
$\theta = 180°$	$\sin\theta = 0$
$\theta = 225°$	$\sin\theta = -0.70$
$\theta = 270°$	$\sin\theta = -1$
$\theta = 315°$	$\sin\theta = -0.70$
$\theta = 360°$	$\sin\theta = 0$

表 4.1 是一个纯音振动周期角度和正弦常用数值的对应表。从表中可以看到，0 度正弦的值为 0，45 度为 0.7，90 度为 1，135 度为 0.7，180 度为 0，225 度为 -0.7，270 度为 -1，315 度为 -0.7，360 度为 0。这个角度和正弦函数的对应表很重要，应该牢记。

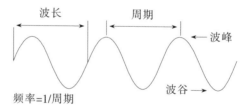

图 4.4　声波基本定义

一个纯音的波形可以用波长、周期、波峰、波谷和频率来定义和描述。波长是指一个完整的波的长度，主要用于波的物理特性的描写。波长越大，占的时间越长；波长越小，占的时间越短。周期是指声波在单位时间内的一个往复过程，主要用于波的物理量的描写，其长度和波长是相同的，只是描写角度不同。波峰是指波的正压的最大值，波谷是指波的负压的最大值，而零值通常是指空气的大气压。周期的倒数是声波振动的频率。见图 4.4。

声压是指声波对空气的压力，可以用力学单位来描述，如 1 千克相当于 9.80665 牛，1 达因 $= 10^{-5}$ 牛，通常用作用于单位面积上的力来表示，单位是达因/平方厘米。0.0002 达因/平方厘米的声压变化，人耳就能听见。声强是指声音的功率，通常用格尔/秒表示，1格尔等于1达因的力使物体移动1厘米时所做的功，1瓦特等于$10-17$格尔/秒，1马力等于746瓦特。垂直于波传递方向的单位面积的功率为这个波的强度，单位是瓦特/平方厘米。一个强度为$10-16$瓦特/平方厘米的声波足以被人耳听到，一个强度为$10-20$瓦特/平方厘米的声波足以损伤人的耳朵。

表4.2 声压、声强和分贝对照表

声压比	分贝值	强度比	分贝值
1∶1	0	1∶1	0
10^1∶1	20	10^1∶1	10
10^2∶1	40	10^2∶1	20
10^3∶1	60	10^3∶1	30
10^4∶1	80	10^4∶1	40
10^5∶1	100	10^5∶1	50
10^6∶1	120	10^6∶1	60
2∶1	6	2∶1	3
4∶1	12	4∶1	6

响度级是人的主观响度感觉上与该声音相同的1000赫兹纯音的声压级。响度级的单位是方（phon）。声音的响度级由其声压和频率决定，反映它们关系的图线叫等响线。响度级和响度之间有确定的关系，如以LN代表响度级，S代表响度，实验发现，$\log S = 0.0301 LN - 1.024$。这表示，响度级每增加10方，响度增加一倍。这种主观量与客观量之间的幂函数关系，在人对外界刺激的知觉反应中是普遍存在的。响度描述声音的响亮程度，表示人耳对声音的主观感受，其计量单位是宋（sone），其定义是1000赫兹声压级为40分贝纯音的响度为1宋。通常，人们更喜欢用相对的感知量来描写，这就是分贝（dB）。分贝对应于某一强度的比值。表4.2中，前面是声压比对应的分贝值，后面是强度比对应的分贝值。人们在讲话时面对面的距离一般是一米，这时的分贝值约等于60，而20分贝就完全听不到声音了。如果一个录音室的本底噪音是20分贝，其隔声和消声的质量就很好了。

图 4.5　声音共振示意图

任何物体在质量和形状固定以后都会有一个固定的振动频率，如音叉在做好后就会产生一个固定的纯音。两个完全相同的音叉，在敲击其中一个时，其声波会通过空气传到另一个音叉处。由于两个音叉的固有振动频率相同，第二个音叉也会振动起来，原理是声波的压力进行了叠加，这种现象就是声音的共振。见图 4.5。为了便于理解，再举两个例子。一是在女高音演员唱歌时，当歌声频率接近玻璃酒杯的固有频率时，玻璃酒杯就会破裂，原因就是歌声的频率和玻璃酒杯的固有频率进行了叠加，产生了共振。二是当一队拿破仑的士兵步伐整齐地通过一座桥时，桥面突然坍塌。这是由于每个士兵对桥面的踩踏频率接近了桥的固有振动频率，虽然每个士兵的力量不大，但所有士兵的力量多次叠加在一起，力量就非常大，从而导致桥面坍塌。

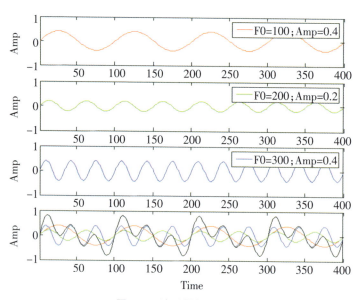

图 4.6　波形叠加示意图

纯音都是以正弦方式振动的，但自然界中，波基本上是以复合波的形式存在的，即多个正弦波的叠加，见图 4.6。第一个正弦波的频率为 100 赫兹，幅度为 0.4（最大值为 1）。第二个正弦波的频率为 200 赫兹，幅度为 0.2。第三个正弦波的频率为 300 赫兹，幅度为 0.4。三个正弦波每个点相加得到叠加后声波的数值。这个叠加过程可以用表 4.3 来描述。

表 4.3　傅里叶系数

$$f = A_1 \sin(\theta)$$
$$f = A_2 \sin(2\theta)$$
$$f = A_3 \sin(3\theta)$$
$$f = A_1 \sin(\theta) + A_2 \sin(2\theta) + A_3 \sin(3\theta)$$
$$f = \sum_{i=1}^{n} A_i \sin(i\theta)$$

表 4.3 中的前三行分别代表三个正弦波，第四行是三个正弦波的叠加，而第五行是用一个数学上表示"和"的公式来对三个正弦波进行的数学描述。表中 f 表示声波，A 表示正弦波的幅度，sin 是正弦函数，θ 为角度，Σ 为求和，i 是序列号。

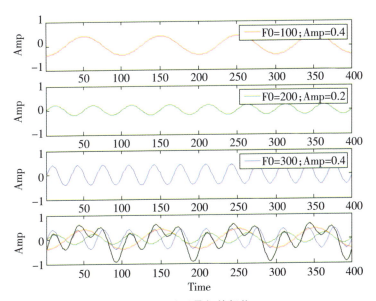

图 4.7　波形叠加的相位

对比图 4.6 和图 4.7 可以看出，虽然三个正弦波的频率和幅度相同，但它们叠加的点不同。图 4.6 中三个正弦波的第一个点都是 0，这说明它们的起点角度均为 0 度。而图 4.7 中，第二和第三个正弦波的起始点为 0 度，第一个正弦波的起始点为 270 度，也就是说它们的起始相位不同。因此可以看出，相位是反映声波某一时刻状态的物理量。声波是一种正弦波，正弦波就有正有负，上半周为正相位，下半周为负相位。

4.2 语音声学基础

语音信号是人类言语链中的一个环节，是语言表层的一种信号形式。它除了具有声学的所有性质外，还具有自身的特性。本节从基本声学理论的角度，对语音声学信号的基本内容进行阐述，主要包括：1) 元音声源，2) 辅音声源，3) 声道共鸣、唇辐射。

人的耳朵可以听到 20 赫兹至 20000 赫兹的声音，最敏感的是 1000 赫兹至 3000 赫兹之间的声音。20 赫兹以下的声音为次声，如地震波。20000 赫兹以上的声音是超声。很多动物都能听到次声和超声，与它们相比，人的听觉不算很发达。人类的听觉在退化，这是因为人类已经不再靠听觉来进行捕猎和防卫。人类最敏感的听觉范围正好是语音元音的频率范围。

根据言语声学理论，言语产生包括三个方面：1) 声源，2) 共鸣，3) 辐射。见图 4.8。这三个部分可以从不同的角度来解释。从生理的角度看是：1) 声带振动可形成声源，发音器官爆破可形成声源，发音器官气流摩擦可形成声源；2) 不同声道形状造成的元音共鸣，不同声道形状造成的塞音共鸣，不同声道形状造成的擦音共鸣；3) 不同唇形造成的声音放大。从频谱的角度看是：1) 声带振动形成的声源频谱通常用每个倍频程下降 12 分贝来表示，真实的语音中变化会很大，发音器官爆破形成的声源频谱通常用一个单脉冲来表示，擦音的声源频谱可以用一个全频的白噪声和共鸣特性来表示；2) 元音的共鸣体现为共振峰结构，塞音的共鸣体现为发塞音时发音部位的共鸣特性，擦音的共鸣体现为形成擦音缝隙时口腔的共鸣特性；3）唇辐射的频谱体现为发音时唇的形状，通常用每个倍频程提高 6 分贝来表示。

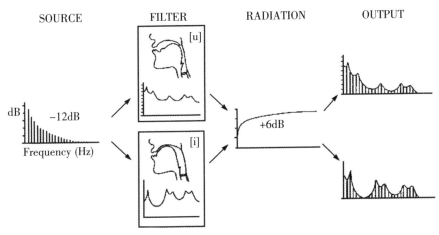

图 4.8 言语产生的基本框架

从图 4.8 中可以看到，左边是声源谱，中间是共鸣特性和［u］［i］的声道图，右边是辐射及辐射后的语音输出频谱。这是言语产生的基本理论框架。

元音声源是声带在声门下压的作用下往复开合所形成的声源脉冲。元音声源的特性体现为不同的谐波组合，其中各谐波的频率是第一谐波的倍数。见图 4.9，左图是声带的闭合状态和打开状态，中图是声源脉冲示意图，右图是频谱示意图。

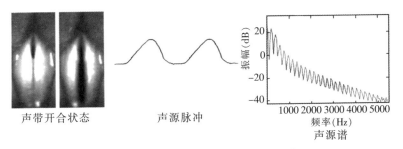

图 4.9 元音声源生理、时域和频域示意图

辅音声源是湍流，湍流的确定取决于雷诺数（Reynolds

number)。雷诺数是雷诺在 1883 年提出的一个确定从平流到湍流的系数，以 Re 表示。Re＝pvd/u，其中 p 为密度，v 为流体的流速，d 为管道长度或直径，u 为黏性系数。利用雷诺数可区分流体的流动是平流或湍流。擦音和塞音的声源为湍流，在声学上体现为噪声。这种声源通过发音部位的调节和共鸣，形成了不同能量分布的辅音。图 4.10 为汉语普通话声母 sh 的发音口形、时域波形和频谱。

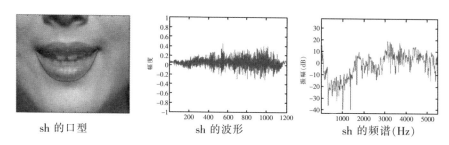

图 4.10　辅音声源生理、时域和频域示意图

语言的口腔共鸣特性可以定义为声管单开口共鸣，即声管的一端是封闭的，为声带一端，另一端是开口的，为双唇一端，见图 4.11。这时声管的共鸣频率为四分之一波长处，即声波 90 度、声压最强的地方。

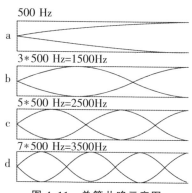

图 4.11　单管共鸣示意图

声音的速度通常为 340 米/秒，其波长就等于声速除以频率。一个频率为 340 赫兹的波，其波长为 1 米。如果声道长度为 0.17

米，第一共振峰就等于 340 除以 0.17 乘以 4，为 500 赫兹。下面用公式来描写会更清楚一些，见公式 4.1：

声速＝340 米/秒
波长＝声速/频率＝340 米/340 赫兹＝1 米
声道长度＝0.17 米
第一共振峰＝340（米/秒）/（4×0.17（米））＝500 赫兹
$F_1 = V/D =$ 340（m/s）/（4×0.17（m））＝500（Hz）

公式 4.1

声管共鸣的其他峰值是以奇数倍增长的，因此第一共振峰 F1 为 500 赫兹，第二共振峰 F2 为 1500 赫兹，第三共振峰 F3 为 2500 赫兹，第四共振峰 F4 为 3500 赫兹，见公式 4.2 和具体的算法：

$F_i = (2i-1) V/4L$ 公式 4.2

$F_1 = V/D =$ 1×340（m/s）/（4×0.17（m））＝500（Hz）
$F_2 = V/D =$ 3×340（m/s）/（4×0.17（m））＝1500（Hz）
$F_3 = V/D =$ 5×340（m/s）/（4×0.17（m））＝2500（Hz）
$F_4 = V/D =$ 7×340（m/s）/（4×0.17（m））＝3500（Hz）

4.3 语图分析

语图是分析语音的重要方式，读语图对语音研究十分重要。早期的语图仪是利用电子元件对模拟语音信号进行频率域的分析，通常采用滤波器组来完成。根据语音信号的性质，语图有宽带语图和窄带语图两种。宽带语图用 300 赫兹的带宽分析语音，主要分析元音的共振峰横杠、浊音横杠、擦音的频率下限、擦音的中心频率和塞音的冲直条。模拟语图仪还不能输出参数，所有的参数要用特制的尺子从语图上手工测量。但现在的语图是用数字信号处理的方法计算出来的，和模拟语图仪的分析方法不同，其基本算法是快速傅里叶变换。要想得到宽带语图的效果，必须在分析语音信号的长度和计算参数设置上满足一定的要求。图 4.12 是汉语 qi1 的宽带语图，其傅里叶变换的精度为 256 个点，采样频率为每秒 11025 个点，信号采用 50 个点，重叠部分为 49 个点，即步长为 1。从图中可以看出塞音的除阻体现为"冲直条"，擦音体现为"乱纹"，元音体现为"共振峰横杠"的变化。

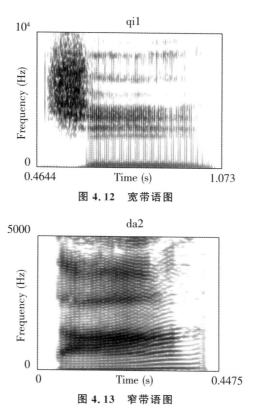

图 4.12　宽带语图

图 4.13　窄带语图

窄带语图用 45 赫兹的带宽分析语音信号，主要可以分析谐波，并从中得到音调和声调的信息。由于第一谐波的数值较小，手工测量的误差会较大，因此，通常是测量第十个谐波的数字，然后除以 10，得到具体的声调。图 4.13 是利用现代信号处理画出的汉语 da2 的窄带语图，其傅里叶变换的精度为 256 个点，采样频率为每秒 11025 个点，信号采用 200 个点，重叠部分为 199 个点，即步长为 1。从图中可以看出每个谐波的变化，也可以判断出这个音节的声调是升调。

4.4 数字信号基础

语音录音的技术参数涉及当前的硬件设备。目前，电脑录音的技术参数主要有：1）语音的量化，2）采样频率，3）文件格式。下面分别介绍。

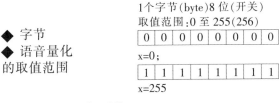

图 4.14　二进制和语音量化

语音的数字化采集称为 A/D（模数转换），而数字播放称为 D/A（数模转换）。模数转换和数模转换都要靠电脑的硬件来完成，在原理上是二进制开关。早期的模数转换利用一个字节，即 8 位。图 4.14 右上角是一个字节的示意图，其数值范围是 0 至 255（2^8）。用于量化声音的数值范围是从 -128 到 +127，中间数值是 0。这个量化数值范围显然太小，精度不够。如果用两个字节即 16 位，其量化数值范围是 0 至 65535（2^{16}）。用于量化声音的数值范围是从 -32768 到 +32767，中间数值是 0，见图 4.14 的底部。这个数值范围很大，精度比较高。目前，电脑上自带的声卡大多是 16 位。

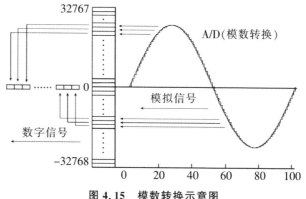

图 4.15　模数转换示意图

模数转换是通过硬件将一个模拟信号转换为数字信号，见图 4.15。图中右边是一个模拟信号，它通过声卡时，根据电流的大小，被转换为相对应的数字，存储在电脑上，这就是声音文件。相反，在进行数模转换时，数字信号通过声卡时被转换为电信号，见图 4.16。图中左边是数字信号，中间是声卡，根据数值的大小，声卡产生相应大小的电信号，然后再通过电路的功放系统将音频电流放大，最后通过喇叭放出声音。

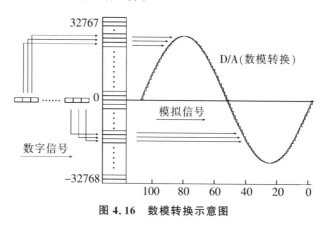

图 4.16　数模转换示意图

语音时域的量化主要由采样频率决定。采样频率直接反映的是这一段信号频率域的范围，其原理见图 4.17。图中有两个信号，上面是低采样频率的示意图。如果一秒钟采 10k 的点，它只能保留被采信号 5k 频率范围的信息。下面是一个高采样频率的示意图，采样频率比上面的高出一倍。假设一秒钟采 20k 的点,它就能保留该信号 10k 频率范围的信息。这就是乃圭斯特定律(Nyquist's Theorem),即频谱范围×2=采样频率。

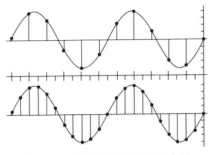

图 4.17 不同的采样频率示意图

通常,在电脑上录音时,如果只是录说话,会用 11025 的采样频率;如果是录音乐,会用 44k 的采样频率。它们都是以 2 的 N 次方为基础,这是因为计算机采用的是二进制,因此采样频率可以用 8k、16k、32k 或 44k 等。通常情况下,22k 是音频国际工业标准,44k 是 CD 的标准,48k 是 DVD 的标准。从语音这个角度来看,不用那么高的采样频率也可以听清楚语言,因为过去的电话一般用 3.8k,也就是不到 4k 的采样频率。这个采样频率很低,但我们的通话基本上没有问题,只是有时辅音会听错。根据这些基本的参数,在语音分析时怎样确定采样频率变得十分重要。如果采样频率小了,分析时就得不到想要的参数;但如果采样频率过大,就会浪费数据存储的空间,而且还会产生其他的电噪声。

众所周知,语音主要由元音和辅音构成。元音的频率范围比较低。一般来说,前三个共振峰表示不同的音质,往往具有语言学意义,而再往上的高次共振峰,如第四和第五共振峰,多表示说话人的个人特征。如果想要研究元音的五个共振峰,无论男性还是女性,成人还是儿童,语音的频谱都会在 5k 之内。根据乃圭斯特定律,5k 的频谱范围只需要 10k 的采样频率就够了。因此,如果只是为了研究元音,用 10k 的采样频率就能够满足。用一个比较接近 2 的 N 次方,即 11025 的采样频率比较合适。如果只是研究声调和语调，采样频率可以很低，因为一般人说话的基频都会在1000赫兹以下，因此用2k的采样频率即可。如果要研究辅音，首先要知道辅音的频谱特性。辅音［s］的频谱最高，其上限在8k至10k之间。如果要节省一些存储空间的话，可以用16k的采样频率。如果不太在意存储空间，那最好用22050的采样频率。因为22050的采样频率能涵盖11k的频谱信息，完全保留和存储了语言的基本信息。如果要研究嗓音的抖动，则可以选用48k的采样频率。通常没有必要用44k或48k的采样频率，因为那样只会浪费存储的空间，实际上也没有意义。如果要录制歌曲或乐器的信号，就需要用44k或48k的采样频率。

关于语音的量化，最重要的技术参数是比特（bit）值。人的语音的频率范围不算很宽，在20至20000赫兹之间。现在的电脑上的录音声卡都采用16比特，即16个字节，其范围从－32768到＋32767。对于一般的语音学研究来说，其精度足以满足声学分析的需要。量化指标很重要，因为它涉及信号采集的精度和分析软件的设置参数。但是对于音乐，特别是一些特定的乐器，16比特就显得太低，因为乐器有很高的高频分量。如果要保留所有的高频分量，而不只是基频，最好用更专业的声卡。可以用24比特、32比特或者更高的64比特采样，这样会录出来更好的效果。但是我们做语音田野调查的时候，这样的精度没有太大的必要，并且会占很大的空间。另外，从信号分析的角度，目前的声学分析软件大多是16比特，如果用了高比特量化语音，在分析时也还需要降下来。

关于声音文件的格式，现在的电脑主要采用＊.wav和mp3文件格式。语音分析通常用＊.wav格式，不用mp3格式。这是因为mp3格式采用的是语音压缩技术，虽然在听感上很难分出差别，但声学分析不能使用。＊.wav文件格式采用RIFF国际工业标准来定义，通常用PCM工业标准编码，文件头一共用44个字节，见表4.4。

表 4.4 语音文件格式表

字节数	数据类型	内容
1—4	char (4bytes)，	标记符'RIFF'
5—8	int (4bytes)，	文件长度
9—12	char (4bytes)，	标记符'WAVE'
13—16	char (4bytes)，	标记符'fmt'
17—20	int (4bytes)，	保留位
21—22	int (2bytes)，	格式类别（PCM 码）
23—24	int (2bytes)，	通道数，1 为左通道，2 为右通道
25—28	int (4bytes)，	采样频率
29—32	int (4bytes)，	数据传输率
33—34	int (2bytes)，	数据块调整数
35—36	int (2bytes)，	每个样本的数据位数
37—40	char (4bytes)，	标记符'data'
41—44	int (4bytes)，	语音文件长度

表中第一行表示文件头的第 1 至 4 字节是字符型数据格式，存储的是'RIFF'四个英文字母；第二行表示第 5 至 8 字节是长整数型数据格式，用来存储文件的长度；第三行表示第 9 至 12 字节是字符型数据格式，内容是'WAVE'；第四行表示第 13 至 16 字节是字符型数据格式，内容是'fmt'；第五行表示第 17 至 20 字节是整数型数据格式，这四个字节是保留位，可以用于放其他数据；第六行表示第 21 至 22 字节是整数型数据格式，这两个字节表示编码类型；第七行表示第 23 至 24 字节是整数型数据格式，这两个字节表示通道数，1 为左通道，2 为右通道；第八行表示第 25 至 28 字节是整数型数据格式，这四个字节表示采样频率；第九行表示第 29 至 32 字节是整数型数据格式，这四个字节表示语音数据传输速率，其值为通道数×每秒数据位数×每个样本的数据位数/8；第十行表示第 33 至 34 字节是整数型数据格式，这两个字节表示数据块的调整数，其值为通道数×每个样本的数据位数/8，主要用于播放软件缓冲区的调整；第十一行表示第 35 至 36 字节是整数型数据格式，这两个字节表示每个声道中各个样本的数据位数，如果有多个声

道，对每个声道而言，样本大小都一样；第十二行表示第 37 至 40 字节是字符型数据格式，这四个字节表示数据标记符'data'；第十三行表示第 41 至 44 字节是长整数型数据格式，这四个字节表示语音数据长度。

了解了 *.wav 的文件格式，就可以根据研究的需要定义自己的文件格式，特别是在建立大型语料库时，一定要用自己的格式。

4.5 语音信号处理基础

对文科背景的学生来说，理解语音信号处理的公式会有一定的困难，但如果不知道语音的参数是怎样提取出来的，就很难做好语音学研究。因此，除了自己多学习一些声学和数字信号处理的知识外，最起码还要了解语音参数的物理意义。本节力图只用加减乘除和三角函数来解释最常用的语音数字信号处理方法和语音参数的物理意义。这些内容主要包括：时域和频域的概念，正交的原理及计算；能量，振幅，时长计算，基频提取；倒谱语图，线性预测语图。

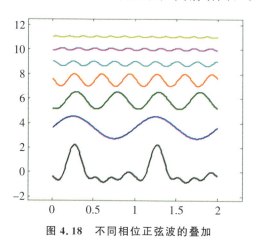

图 4.18 不同相位正弦波的叠加

在 4.1 小节中，我们介绍了声学信号和语音信号的基本性质，知道语音是复合波，元音的声源是声带振动产生的。虽然相位对语音音质的听感没有太大影响，但在语音的产生中十分重要。比如，当声带振动时，所产生的声源是一个复合波，这时声源的相位是一种有机组合，并不是随机产生的，这涉及人的生理机制在言语产生过程中的作用和声源的内在规律。如果不按照这个规律，我们无法真正合成出自然的声源，而且也无法提取到声源的基本参数，如开商和速度商等。因此，对语音相位的研究有利于我们认识言语生理机制和声学的关系。图 4.18 上部是六个正弦波，通过叠加产生了一个复合波（下部）。从这个复合波可以看出，其形状很像一个声门气流，与图 4.6 和 4.7 中的复合波不同。这是由于在合成这个复合波时考虑了每个正弦波的相位，这对分析声源和合成声源都很重要。现代的语音信号数字处理很容易将语音的相位计算出来，这就为研究语音的复合波和声源提供了很好的方法。

在了解了语音复合波的叠加方法和相位后，就可以介绍语音的时间域和频率域的概念了。时间域和频率域通常简称为"时域"和"频域"。我们用电脑录制的一段语音是随着时间变化的声压，这种信号是语音的时域信号。在看到一段时域信号时，要知道它是一组正弦波组成的另外一种形式，见图 4.19，这幅图是图 4.18 的另一种形式。

从图中可以看到，X 轴是时间，Y 轴是正弦波的幅度，Z 轴是正弦波的个数。图的左边是叠加后产生的复合波，对于这个复合波来说，六个正弦波是它的六个分量。图的右边是每个正弦波的幅度值，它反映的是正弦波的大小，具体的计算方法是一段正弦波的每个点平方后取对数。这就是时域和频域的变换。因此，每当看到一段时域信号，就应该能想象出其频率域的形式。

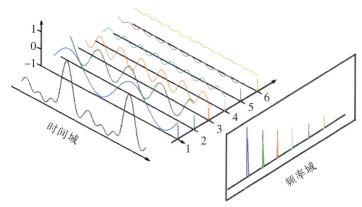

图 4.19　时域和频域示意图

众所周知，一段时域的语音是通过多个正弦波叠加产生的，用加法就能完成，计算上很简单，也很容易理解其物理意义。然而，怎样将一段时域信号分解成数个正弦波呢？通过研究信号的时域和频域的性质，人们发现，取一段性质相同的时域信号，用一段同样长度的正弦信号和其进行每个点的相乘相加，结果会得到一个数值。改变这个正弦波的频率和幅度，再做同样的计算，又可以得到一个数值。随着这个正弦波和复合波中的某个正弦波的逐渐接近，计算出的数值会越来越大。当一个正弦波和复合波中的某个正弦波完全相等时，该数值最大，这在声学原理上称为"正交"。因此，用不同的正弦波和该复合波做相同的计算，最终可将该复合波中所有正弦波或者说各个分量分解出来。从各个分量到复合波的叠加，或者从复合波到各个分量的分解，即是时域—频域的相互转换。

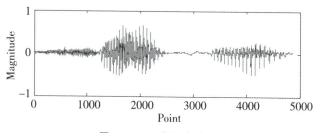

图 4.20　一段语音波形

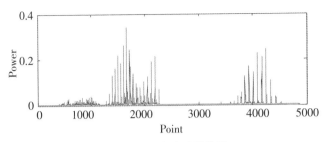

图 4.21 语音波形的能量

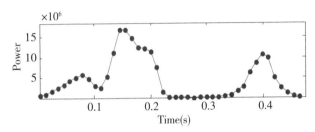

图 4.22 平滑后的语音波形的能量

常用的时域信号相对来说容易理解，其中能量和振幅是最常用的两个参数，而且都常常具有语言学意义。图 4.20 是一段语音波形，内容是汉语普通话"社会"一词，两个音节的声母都是擦音。将波形中的每一个采样点自己乘以自己，也就是每一个点做平方，这时得到的参数就是"能量（power）"。由于是平方，所以能量都是正值。如果只对每个点进行平方，计算出来的参数有很多毛刺，不够平滑，使用起来很不方便，而且绘出图来也不容易看出它的性质，见图 4.21。因此通常会对能量做平滑处理，即将几个点的数值进行平均，这样能量曲线就会变得很平滑。图 4.22 是经过平滑的能量曲线，从中可以看出声母和韵母的明显分界线，而且第一个擦音声母的能量比第二个擦音声母的能量要大很多。图 4.21 的 X 轴是采样的点数，而图 4.22 的 X 轴转化成了时间。能量这个参数在言语工程中很常用，在信号处理和通讯中都会用到。例如，在进行语音的自动切分时，通常用能量和过零率一起自动切分音节。

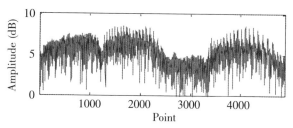

图 4.23 语音波形的振幅

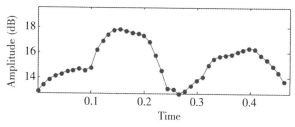

图 4.24 平滑后的语音波形的振幅

由于能量这个参数和语音的听觉及感知关系不大,所以在语音学研究中很少使用。语音学研究主要是用"振幅(amplitude)"这个参数。根据定义,将计算得到的能量(无论是直接计算得到的每个点,还是经过平滑的数据)取对数,就得到了振幅。图 4.23 为没有经过平滑处理的振幅,图 4.24 是经过平滑处理的振幅。和能量曲线相比可以看出,振幅压缩了大的数值,而且单位变成了分贝值,因此这个参数就和听觉联系了起来。在进行语音学研究时,使用振幅参数通常会用两种方式:一是计算出最大值来进行语音学描写;二是计算振幅的面积,即将振幅曲线进行积分(相加)。在分析长短音节或长短元音的感知时,通常使用振幅的积分。

"音长"是常用的语音时域参数。时长很重要,它在许多语言中都具有语言学意义。在数字信号处理中,时长的计算比较容易,即用采样点数除以采样频率。例如,当采样频率为 10k 时,即一秒钟采一万个点。这样一毫秒就有十个采样点,这就要除以 10。如果时间单位用秒,就要除以 10k。

利用傅里叶变换,可以将时域信号转换为频域信号,画出语图。除此以外,还可以用其他方法画出语图,如对数谱语图。图

4.25是傅里叶功率谱和对数谱。从图中可以看出,傅里叶功率谱分析的信号较长,至少包含了一个以上的周期,因此每个谐波都很清楚。画出的语图为窄带语图,可以看出声调的变化。另一个是对数谱,其计算方法是先做傅里叶分析,再将傅里叶系数取对数,然后用离散余弦变换(Discrete Cosine Transform,简称 DCT)做反变换,这时得到的是倒谱。倒谱的特点是将声道特征集中到信号的左端,而将声源信息集中到信号的右端。去掉声源信号,将声道信号再做傅里叶变换,就得到了对数谱。从图中可以看出,对数谱很平滑,共振峰清晰可见,因此,它是研究共振峰变化的有用信息和参数,同时也可以从中观测到基频的能量。

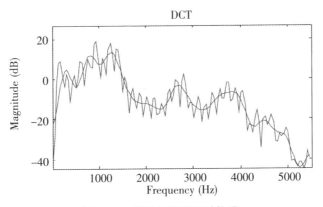

图 4.25 傅里叶变换和对数谱

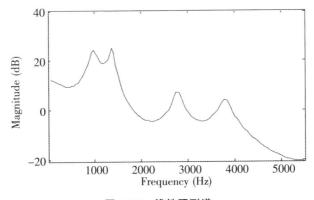

图 4.26 线性预测谱

另外，还有一种常用的分析频域特性的方法，即线性预测（Linear Prediction Coding，简称 LPC）法。LPC 是全极点模型，只能计算出共振峰的频率和能量，见图 4.26。从图中可以看出，有四个明显的共振峰，但和图 4.25 相比，没有表示基频能量的峰值。每个峰值之间的过渡也不一定就是信号真实的频率响应。另外，LPC 提取的极点不一定就是真正的语音共振峰。因为，当 LPC 的阶数（order）提高时，LPC 会提取出随阶数递增的极点数，这时极点和语音分析中定义的与听感有关的共振峰已经不是一个概念了。

第五章 基频、音高和声调

章节简介：
　　本章主要介绍：1）基频、音高和声调的定义；2）中国语言的声调和音调；3）基频的提取方法；4）基频的数据处理；5）五度值转换；6）声调的感知因素。本章的目的是让学习者掌握声调研究的基本概念和方法。

5.1 基频、音高和声调的定义

在语音学研究中，基频、音高和声调是三个基本概念，它们有时很容易混淆，但本质上完全不同。语音的基频是声带振动的快慢造成的声音准周期的变化，音高是人们对声音高低的感知，而声调是一个有语言学意义的音位。

基频（fundamental frequency）是一个声学的物理量概念，一般用 F0 来描写，其单位是赫兹（Hz）。如果声带一秒钟振动 100 次，其基频就是 100Hz。音高（pitch）是人们对声音高低的感知，它是一个心理学概念。和基频不同，音高是无法从物理量计算出来的，因此比较复杂，要通过心理物理学测试出来。如果用纯音，主观感觉的音高单位是"美"（mel），通常定义响度为 40 方的 1kHz 纯音的音高为 1000 美，见图 5.1。

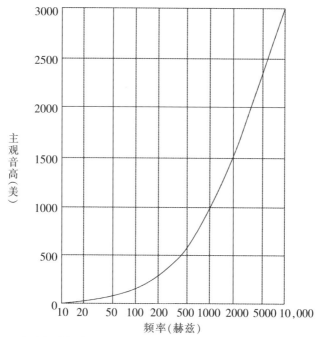

音高的美标度,表示纯音的主观音高(美)与频率(赫兹)的关系

图 5.1　基频和音高关系示意图（邓斯、平森，1983）

声调（tone）是一个语言学概念，除了音高的变化模式外，还涉及音位系统和感知等很多方面。声调在不同的语言里面也有很大差别。由于从基频这个物理量大致可以确定一个声调的范围，所以常常通过基频来确定和研究声调，但它并不完全等于声调。声调还涉及其他一些因素，如发声类型的作用、音响的作用、颤音对音调感知的作用等。另外，不同的元音对音调高低的感知也会产生影响。从全世界的语言来看，最典型的声调语言是中国境内的汉藏语系语言。非洲的一些语言、北欧的挪威语，甚至像日语这样的语言，也有类似音调或声调的特征。但非洲的语言和北欧的语言，其声调并不像汉藏语系语言那么突出，有的只是根据相对的高低来区别意义。

另外，基频和音高也能用来研究非声调语言中的重音、语调等语音学现象，比如阿尔泰语系语言等。这些语言通常会用基频和音高表示重音和非重音等。

5.2 中国语言的声调和音调

中国有汉藏、阿尔泰、印欧、南岛和南亚五个语系，其中汉藏语系语言和阿尔泰语系语言的使用人口较多。汉藏语系比较大，主要分布在中国的南部和西南部。中国的汉藏语系可以分为汉语及其方言、藏语及其方言、壮侗语族语言、苗瑶语族语言和彝缅语族语言。

汉语的声调应该说在隋末就已经被明确提出。从隋末陆法言的《切韵》和宋代的《广韵》里可以看到，当时的汉语里面已经有了四声，也就是平声、上声、去声和入声。从汉语发展的情况看，学界把这个时候的语音称为中古音。中古音到现在的北方官话，声调的大致发展轨迹是：中古音的平声在现在的汉语北方官话中分成两个声调，一个是阴平，一个是阳平；中古音的上声在现在的汉语北方官话中还是上声；中古音的去声在现在的汉语北方官话中还是去声；中古音的入声在现在的汉语北方官话中基本上分到阴平、阳平、上声和去声里。这些变化从《中原音韵》就可看出基本的规律，即"平分阴阳，入派三声"，这是汉语的基本情况。阴平、阳平、上声、去声是指调类，并不是指具体的调值。即使在北方官话区，其具体的调值和普通话也是有很大差别的，但调类一致。因此，汉语的声调是一个很完善的系统，有清楚的来源和音变规律。

从藏语的史料看，7世纪松赞干布建立吐蕃王朝后开始创立文字，一些大臣被派到各地去学习创造文字的方法，其中图弥桑布扎被派往印度学习，他根据印度梵文的天城体创造了藏文。从7世纪到9世纪大概两百年间，藏文进行了三次大的厘定，逐渐形成规范。现在说的古藏文是9世纪以后藏语的文字，即唐蕃会盟碑这个时期以后的文字。敦煌的藏文文献大部分是这个时期以后的藏文。

藏文是一种拼音文字，它的拼写方法和西方文字有一定差别。由于藏语语法上有大量形态音变，所以藏文的单音节是由前加字、上加字、基字和下加字四个部分构成辅音声母，后面有元音符号，元音符号后面又有鼻韵尾或塞韵尾,这是基本的音节构造。从文字看,9世纪藏语是没有声调的。从现代藏语来看,国内学术界一般把它分成三个大的方言:卫藏方言分布在拉萨、日喀则、林芝和阿里地区;安多方言分布在青海、甘肃等地区,生产形态上主要是牧区和半农半牧区;康方言分布在四川、云南、青海等地区。整体来说,卫藏方言是有声调的;安多方言是没有声调的,它的复辅音保留得比较多;而康方言则正在产生声调,比如说玉树藏语就属于正在产生声调的藏语方言。从汉藏语系所有的语言来看,只有藏语的三大方言存在从无声调到有声调的方言分布,对研究声调的起源是非常有用的一个活的语言资料,是声调产生过程的活化石。

  壮侗语族中有十几种语言,最主要的语言是壮语和侗语。壮侗语族语言是有声调语言,并且有自己的特点。壮侗语族语言的特点是音节不仅有长短元音,还有塞尾,有塞尾的音节同时还有元音的长短。另外一个特征就是音节有鼻音韵尾,而鼻音韵尾和元音长短组合。整体上来看,音节长度基本相同:如果是长元音,鼻音韵尾就短;如果是短元音,鼻音韵尾就长,有一个补偿作用。长短元音和塞尾形成了舒声调和促声调的分别,是壮侗语族语言声调的一个特征。另外,壮侗语族语言还有一个特点是双音节调位具有一定的模式和变调类型。从这些语言的资料来看,壮侗语族语言和汉语的粤方言、白话和平话之间有许多共同的语音特点,这有可能是在历史演变的过程中由于语言接触而形成的。

  苗瑶语族语言也是中国南方比较主要的少数民族语言。在这个语族里面,除了苗语和瑶语以外,还有其他一些语言。这些语言都是有声调的,它们在音节结构上确实有很多相似的地方。贵州紫云县的苗语是一种非常特殊的语言,因为紫云苗语只有五个平声。众所周知,声调主要靠基频的变化来区别意义,因此紫云苗语是一个非常难得的研究声调的样本。

  彝缅语族语言主要分布在云南和四川的西部,如景颇语、载瓦语、彝语、哈尼语等。彝缅语族语言的声调特点是调型和数量相对简单,但彝缅语族语言里有大量的发声类型,即它们的元音有松音和紧音存在,从生理和声学的角度来看,包括气嗓音、正常嗓音、紧嗓音、挤喉音等嗓音发声类型。这些语言里有些音节的基频完全相同,只是发声类型不同。不同的发声类型使得声调有不同的调质,可以称为紧调和松调。这一点在彝缅语族语言里面是最为突出的。

阿尔泰语系里面有三个大的语族:突厥语族,如维吾尔语和哈萨克语;蒙古语族,如蒙古语和达斡尔语;满—通古斯语族,如满语等一些语言。这些语言没有声调,但有丰富的重音和句子的音调。另外,阿尔泰语系语言有元音和谐现象。这些都构成了阿尔泰语系语言的语音特点,需要深入研究。

5.3 基频的提取方法

刘复先生的《四声实验录》在世界上第一次通过仪器证明了声调的声学基础是基频的变化。当时没有办法把声音保留下来。分析声调的声学仪器叫作浪纹仪。浪纹仪的原理很简单,就是做一个滚筒,上面有一个手柄,可以摇着让它转动。滚筒上放一张经过蜡烛熏黑的铜片。采集声音的设备是一个像小喇叭的铁片,铁片前端有一根针,紧挨着铜片滚筒。人对着小喇叭大声喊,同时摇动手柄,针就将振动波形记录在铜片上,其原理有点类似于留声机。然后通过一个声调计算尺,算出基频。这就是浪纹仪基频提取法,这种方法现在已经不再使用。

现在,最简单的提取基频的方法是从语图上直接读取基频的数据,这种方法只需要一台笔记本电脑和一个软件。具体方法是:1) 录入一段要分析的语音;2) 将语图设置成窄带语图;3) 从语图上选一条谐波,通常是第十谐波;4) 将光标放在这个谐波的不同位置,读出基频数据。见图5.2。

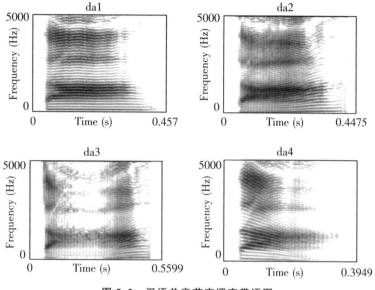

图 5.2　汉语单音节声调窄带语图

图中是 da 的阴平、阳平、上声和去声，从第十谐波可以明显地看出声调的变化模式，并可以很容易地从谐波上读出基频的数据，以备进一步的研究。

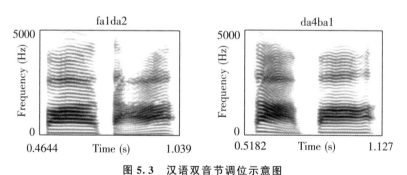

图 5.3　汉语双音节调位示意图

图 5.3 是汉语双音节调位示意图，左图是 fa1da2 的双音节调位示意图，右图是 da4ba1 的双音节调位示意图。从图中可以看出，fa1da2 的基频是"平＋升"，da4ba1 的基频是"降＋平"。

从语图看基频识声调，是语音学学习和研究的一项基本功，也是田野调查时确定声调最快和最有效的方法。

现在，由于计算机的广泛使用，基频主要通过数字信号处理的方法提取。在这些方法中，最常用的是自相关法提取基频的算法，其原理是利用声带振动的准周期性，计算语音信号周期的相关性。自相关的方法计算起来比较简单，即取一段信号，在这一段信号里面必须包含有一到两个周期。有了这样一段信号以后，把这个信号先去做一个带通滤波，去掉多余的低频和高频信号。低频可以定在 50 Hz，因为中国的交流电频率是 50 Hz，这样就能去掉语音信号中的电噪声。高频可以定在 800 Hz，人们的基频一般不会超过这个频率。然后，对这一段信号进行自相关计算，具体步骤是：1) 将信号复制成两份；2) 对两个信号的每个点做相乘和相加；3) 进行一个移位后再相乘相加，直到每个点移位完成；4) 计算后得出的曲线就是自相关曲线。如果一段语音信号是周期性的，在移位到了下一个周期时，它的峰值会变得非常高，测定这个峰值就能算出基频。这就是自相关法提取基频的基本原理。计算自相关是在时间域完成，算法比较简单且计算量小。另外，自相关算法的抗噪性很强，噪声较大的录音也不会影响到计算的结果。所以现在很多工程或一些商用的程序里，首推的就是用自相关的方法来进行基频的提取。

另一种常用的提取基频的算法是倒谱法。倒谱法是在频率域完成的，基本上是利用傅里叶变换的原理。在信号处理上，经典的算法就是傅里叶变换，它可以把一个时域信号变换到频率域。倒谱法的具体步骤是：1) 拿一段信号，这段信号里至少要包括一到两个周期；2) 拿这段信号先去做傅里叶变换，得到傅里叶系数；3) 将傅里叶系数取对数；4) 进行一个反变换，将声道和声源分离开；5) 这时左边的信号表示的是声道特性，右边的信号可以明显看到有一个脉冲，计算这个脉冲的时长就能得到基频。倒谱法还可以用来计算次谐波。次谐波是基频在语音中表现出来的一种常见的现象，往往会出现在句子的末尾，其频率比实际基频要高出一倍，对研究声调和韵律都十分有用。另外，倒谱法还可以用来提取一个语音信号中两个叠加的基频，达到分离声源的目的。

以上两种方法的根据都是语音准周期的特性，如果信号不是准周期的，计算就会出问题。如在汉语中，上声常常会出现挤喉音（creaky voice），其特点就是基频不规则，这时用自相关法和倒谱法就提取不出基频参数。下面简单介绍一下用小波变换提取基频的方法。

小波变换主要是利用小波基对一个信号进行变换。它的好处是在处理的过程中，同时有时域和频域的精度。通常用二阶小波变换的算法。这种变换计算起来非常简单，有类似滤波器的效果，就是拿一个小波基和一段信号进行变换，得到一组小波系数和一个低通信号。用一个更低频的小波基和它进行变换，得到另一组小波系数，同时又得到一个低通信号。利用这样的方法一步一步往下做，做到满意的精度为止。把每一级的小波系数进行一个局部最大值的处理，就可以看到小波系数从低频到高频的排列。跟踪低频到高频小波系数的最大值，就可以从声波检测到声带开合的具体位置。小波变换的方法不仅能够提取出基频，还能检测出声门的关闭点（glottal closure instant），这是它最大的一个作用。

小波变换在提取信号的时候，不仅能提取到基频的变化，同时又能检测到声门的打开点或者关闭点，这一点是其他的提取基频的算法做不到的，在研究嗓音方面非常有用。利用小波变换，不仅能够提取出基频，还能获得很高的精度，所以在研究基频抖动上，这也是一个非常有用的算法。除了在声调的研究里边颇为有用以外，小波变换在研究嗓音发声类型时也是非常有用的一种算法。

5.4 基频的数据处理

利用程序提取出基频以后，不是所有的数据都可以用来做语音学的解释，或者用来做模型。这是因为，一个音节的起始和结尾，即使声音很弱，也会提取出基频参数。因为振幅特别弱，这时的基频我们是听不到的，因此应该去掉。一般来说，可以人为根据三维语图进行处理，即只选择语图中共鸣比较强的音段，语图上前后显示非常弱，看不到高次共振峰或者说没有共鸣的部分，可以删除不用。

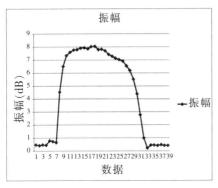 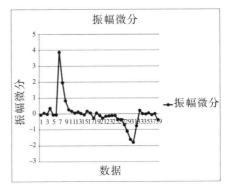

图 5.4 振幅微分法确定基频

这样的处理方法虽然实用，但不是很精确，处理起来会有很多人为因素。比较科学的方法有两种。一是根据振幅量曲线，将振幅曲线做微分，微分后的振幅信号会出现两个尖的峰值，这两个点之间的基频就是要保留的基频数据。其原理是微分信号中的这两个点就是能量曲线中变化最大的点，或者说是斜率的最大值，见图 5.4。二是根据振幅曲线来确定基频，具体的做法是确定一个振幅的阈限值，比如选择 50%，低于 50% 的相对应的基频就删去不用。当然，是降 50% 还是降 70%，这要根据具体的情况来进行处理，见图 5.5。

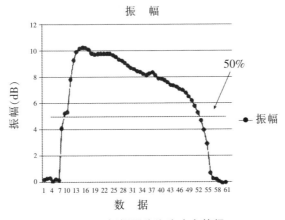

图 5.5 振幅百分比法确定基频

在提取基频进行声调研究时，同一个基频往往有多个人和多个样本的数据需要平均。但由于每个样本的时长不同，提取出来的基频个数不同，有多有少，要进行数据的平均就需要对基频进行归一化处理。归一化处理有时间的归一化处理和频率的归一化处理两个方面。研究声调通常是对基频进行时间的归一化处理。时间的归一化处理是将基频参数先插值，然后根据需要按时间等长抽取出所需要的基频数量。频率的归一化处理也是先对基频数据进行插值，然后根据需要按频率等距离抽取基频数量，见图5.6。这两种方法归一化后的结果不同，只有在基频曲线是一条直线时，时间归一化处理和频率归一化处理的结果才相同。

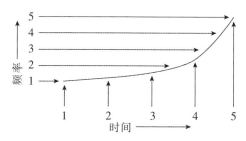

图5.6　时间和频率归一化示意图

语音在句子结束时往往会产生次谐波，这时会导致基频数据突然提高一倍，因此需要对基频的数据进行处理。处理的方法很简单，即将基频数据除以二即可。

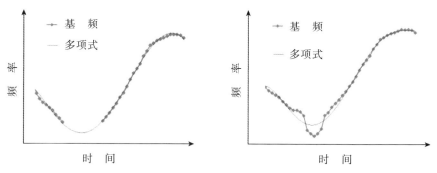

图5.7　拟合填补数据

由于语言特有的性质以及发声类型、提取基频的算法和个人嗓音的不同，常常会提取不到相应的基频参数。归结起来有以下两种情况。一种情况是,声调在低频处(如汉语普通话上声的拐点处)会形成挤喉音。根据挤喉音的性质,基频会出现周期的不规则现象,形成一到几个不规则的超大周期,这就产生了一到几个极低的基频。如果使用自相关和倒谱的方法提取基频,大多提取不出基频的参数,从而形成一段无基频数据的空白段,见图5.7(左)。这种情况下可以利用多项式拟合将数据补齐,其原理是利用多项式,根据数据的趋势预测出空白段的数据。如果手动标出那几个周期,会形成一个象坑一样的曲线,见图5.7(右)。另一种情况是,在有些语言或汉语方言的声调中,常常出现一个音节只有起始和结尾有少量的基频参数,音节中间大部分没有声带的振动,见图5.8。这种情况往往是基频很低的声调,在这种情况下,如果知道无基频段确实是发音人的基频下限,就可以用基频的最低值将其补回来。但这只是为了数据的整齐,感知上还需要进一步研究。一般来讲,这样填补的数据,如果和最低处的发声类型相同,感知上误差会最小。如果不会编程,处理这些小的数据问题会很麻烦。

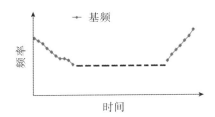

图 5.8 最低基频数据的填补

5.5 五度值转换

下面来讨论一下从基频到声调的五度值描写和转换。在西方的语音学引入中国以后,中国语言学的前辈,如赵元任先生等对中国的汉语方言和民族语言进行了大量的田野调查和研究。当时主要是靠人的耳朵来听,然后标出一个数值,用一个比较简单的方法反映声调的基本情况。在对中国语言调查的基础上,赵元任先生写了一篇用五个数字来表示声调系统的文章(Chao,1982/1930)。由于各种原因,人们将五个数字标调法理解成了五度标调法,数字之间的度数被强化。五度标调法实际上和赵元任先生写的那篇文章有一定理解上的误差。后来在抗日战争期间,西南联大的李方桂先生等利用这种描写方法又对南方属于汉藏语系的语言进行了大量的田野调查和研究。

在对中国汉藏语系语言的声调进行听音记音和记录田野调查的基础上,人们发现五个数值基本上可以反映所有语言的声调。比如说汉语普通话的阴平是一个高平调,用55来表示;阳平是一个升调,用35来表示;上声是一个曲折调,用214来表示,语流里面用211来表示,叫作半上;去声是一个高降调,用51来表示。但实际上做声学分析会发现,55的基频基本上是44,达不到55,也就是说最高的点是去声的第一个点。这是一个最基本的关于声调调位的描写方法。

在上个世纪20年代,西方开始出现声学分析的方法,如刘复先生首创的声调研究方法,即《四声实验录》(刘复,1924)里面用到的方法。这种方法是将基频做一个对数处理。因为基频的频率变化和人们听感上的变化一般是一个对数的关系,进行一个对数的处理会使这些数字更接近人们的听感,而不是具体声学参数变化的曲线。这就是刘复先生使用的半音法。目前国际上的声调和音调的研究还都用这种方法把基频先转成半音。半音法引入的是西方音乐十二平均律的概念。在西方音乐中,标准A=440Hz,高八度音的频率是原来音频率的一倍。图5.9为音阶图,每一格为一个半音。

图5.9 音阶和12半音示意图

计算两个基频之间半音的公式为:

$$半音 = 12 \times \log_2 (f1/f2) \qquad 公式\ 5.1$$

当f1>f2,则半音为正值。十二平均律中,高一个八度频率高一倍，中间的 12 个音为对数关系。

例如，f1 为声调频率上限，等于 190 Hz，f2 为频率下限，等于 60 Hz，带入公式：

$$半音 = 12 \times \log2 \ (f1/f2)$$
$$= 12 \times \log2 \ (190/60)$$
$$= 19.95$$

从计算结果看约为二十个半音，归到五度值，每个刻度约为四个半音（刘复，1924，1934）。我们知道十二个半音包含一个八度，在听觉上会有一个倍数的关系。因此，用这种方法对声调或音调进行描写，如两个半音或者两个半半音作为声调的一度，人们马上能发出音来。如果音调高，它涵盖的基频数字就大；如果频率低，它涵盖的基频数字就少，但音调相同。从音位学和语言学的角度，比如阳平是35，包含了两度，那一度在听觉上的差别是多大呢？无法表示出来。所以目前在国际上，言语科学和言语声学等科学杂志会要求发表者使用半音法描写声调。

后来，中国的学者为了处理声调的方便，提出了 D 值法[①]（沈炯，1985）、T 值法[②]（石峰，1986）和 LZ 法[③]（朱晓农，2004b）等。前两种方法主要是用最大的频率值减去最小的频率值得到基频范围，对基频数据先取对数，然后除以一个数，得到描写声调的数值。LZ 法是针对基频的随机性，采用了一种归一化的方法，排除随机性，以便能描写出声调共性。

半音法的适用范围要比刚才提到的那三种方法宽泛一些，它不仅可以描写声调，还可以用来描写语调。五度的方法只能对单字调进行研究，不能扩展到韵律的研究里面。用半音法还可以研究句子

[①] D 值法公式：$D = 5 \times \log2 F/F0$。

[②] T 值法公式：$T = 5 \ (lgx - lgb) / (lga - lgb)$。其中，a 为调域上限，b 为调域下限，x 为 a 和 b 之间的测量点，所得 T 值即是 X 点五度值参考标准。

[③] LZ 法主要是针对不同人基频的随机性，通过研究六种基频归一方法，认为对数 z. score（LZ）方法能最好地描写声调的共性。

韵律的变化。因为这时候的频率变化范围要大于一个音节的频率范围。在国际上，无论是研究声调和韵律，还是研究音乐和声乐，基本上都是用半音法来描写。半音法除了在声学上有基频到听觉的转换外，还有心理学的基础，也就是有对声音感知的基础，因此掌握半音法是研究声调的基础。

5.6 声调的感知因素

声调感知是一个非常复杂的问题，早期田野调查利用传统语音学的口耳之学进行记录的声调，是受到各方面因素影响的综合感知。现在可以提取出基频，把它的曲线画出来，但常常发现和我们大脑的感知会有一定的差别。这是因为有很多因素影响到声调的感知。感知是人的大脑对语音音调变化的综合性判断。由于每个人的母语不同，音位系统也不同，这个系统所感知到的声调变化和提取出来的基频并不完全相同。影响声调感知的因素有很多，这方面的研究还不够深入，归结起来主要有：1）振幅的因素；2）基频斜率的因素；3）发声类型的因素；4）谐波的因素。

振幅对声调感知的影响主要表现在：当振幅变小时，人们对声调的感知会减弱。如提取出了一个音节的基频后，可以画出一条曲线。在查看这条基频曲线时，常常会发现它和感知到的声调长度和高低并不完全相同，这主要就是振幅的影响。因为振幅在一个音节结束时会变得很弱，在生理上表现为声带关闭不严，有漏气的现象。虽然声带振动非常微弱，但在做信号处理时仍可以将基频提取出来。这时候实际上已经听不到声调变化了，那这一段语音提取出来的基频就要处理掉。这种影响感知的因素主要就是振幅。

时长和频率的关系会影响到声调的感知。比如基频从300Hz降低到100Hz，其间有200Hz的差。如果在30毫秒里降低200Hz，会很难听清楚音调的变化；如果用300毫秒降低200Hz，一定会听得很清楚；但如果用5000毫秒降低200Hz，就很难听出剧烈的变化。将这三种基频曲线画出来，可以清楚地看到，由于时长的不同，基频的斜率不同。声调曲线的斜率对听感很重要，就是说频率和时长之间有一个这样的比例关系,用斜率来表示,它直接影响到对声调的感知。在实际的语言中,声调有可能是曲折调,这样在一个音节中就有两个斜率,声调感知变得更为复杂。这两个斜率有可能都是负值或正值,也有可能是一负一正或一正一负。如果是一负一正,两个加起来,在大脑里面经过处理以后,得到了一个整体的印象,就是一个降升调。这说明斜率对声调感知的贡献非常大。

发声类型的差异也是影响声调感知的一个因素。这个因素目前研究得还比较少,只能通过一些发声类型的现象看到它在声调感知中起的作用。比如用一个阴平音节做母本合成样本进行阴平和阳平之间的感知范畴测试,会发现离阴平更远的样本还是会被听成阴平。反过来,如拿一个阳平音节做母本合成样本进行阴平和阳平之间的感知范畴测试,会发现离阳平更远的样本会被听成阳平。从这样的实验可以看出,发声类型的差异会造成声调感知的偏移,最终影响到声调感知的范畴。

谐波的变化也是影响声调感知的一个因素。在语言中,谐波变化有两种情况:一是谐波整个下倾,二是谐波一高一低地分布。这些情况都涉及发声类型的不同。众所周知,人对音高的感知取决于第一谐波的数值和第一谐波与第二谐波的差值。但奇数谐波的能量下降的话,就会影响到音高的感知,从而影响到声调的感知。另外,共振峰是通过谐波来实现的,如果某个共振峰峰值很高,对音高的感知就会有影响。极端的例子是呼麦这种演唱形式。特殊的口腔共鸣使得一个或两个共振峰能量过高,这时人们就能听到两个音调。这个例子说明共振峰能够影响到声调的感知过程。

最后来讨论一下用声学方法研究声调的误区。自从刘复先生发表了《四声实验录》以后,人们就开始用声学分析的方法研究声调。在听不准的情况下,有了声学参数的支持,大大提高了声调描写的准确性。但是,由于大部分语言的基频曲线,或者说基频曲线模式和人们的感知是比较接近的,因此人们常常拿基频的曲线来代替声调,而深入的研究发现实际上基频不能完全等同于声调。

现在有许多人都把基频当作声调,提出来的基频经过对数处理，再经过一个五度值的转换，然后就开始说这个是声调，为一度之差而争论。同时有一种更不合适的现象，就是拿一个基频的参数来否定前人通过田野调查得到的声调系统。用基频来否定以听辨得到的声调在语音学研究里是一个误区。

第 六 章　调音、共振峰和元音

章节简介：
　　本章主要介绍：1）元音的发音性质；2）读语图识元音；3）共振峰的提取；4）声学元音图；5）语音量子理论。本章的主要目的是让学习者掌握元音发音及声学的基本概念。

6.1 元音的发音性质

　　了解发音部位对语音学研究十分重要。过去是用 X 光来研究发音部位和动作。由于 X 光对人体有伤害，现在都是通过磁共振来研究发音器官和动作。用 X 光研究发音动作的优点是可以拍到动态连贯的发音动作，而磁共振直到近几年才能做到动态实时的影像拍摄。这一节通过磁共振拍摄的汉语普通话单元音，简单介绍一下汉语普通话基本单元音的发音状态。

　　普通话的 a 是一个单元音，发音时下颌张大，展开双唇，软腭紧贴声道后壁，舌根后缩靠近声道后壁，形成较大的前腔，收紧点在软腭下和声道后壁交界处，口腔前腔很大，无舌下腔，舌的最高点在舌面。由于舌根后靠而形成很窄的声道后腔，会厌紧贴舌根下部。发元音 a 时声带的位置会上移。语音学上将 a 的发音描写为"低""展唇"和"中"，通常称为"中 a"。见图 6.1。

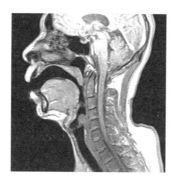

图 6.1　普通话元音 a 发音图

普通话的 o 是一个单元音，发音时下颌微开，合拢双唇，软腭紧贴声道后壁，舌根后缩靠近软腭和声道后壁，形成较大的前腔，收紧点在软腭和声道后壁交界处，前口腔很大。舌的最高点在舌根前处，声道的收紧处位于舌根。由于舌根后靠而形成很窄的声道后腔，会厌紧贴舌根下部。发元音 o 时声带的位置变化不大。语音学上将 o 的发音描写为"半高""圆唇"和"后"。见图 6.2。

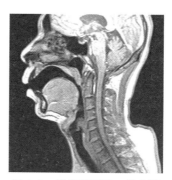

图 6.2　普通话元音 o 发音图

普通话的 e 是一个单元音，发音时下颌微开，双唇展开，软腭紧贴声道后壁，舌根后缩靠近软腭，形成较大的前腔，收紧点在软腭，前腔主要由前口腔组成，前口腔很大，基本没有舌下腔。舌的最高点在舌面后，声道的收紧表现为一点，位于舌根前。由于舌根后靠软腭，声道后腔上窄下宽，会厌紧贴舌根下部。发元音 e 时声带的位置会稍微上移。语音学上将 e 的发音描写为"半高""展唇"和"央"，是个央元音。见图 6.3。

第六章 调音、共振峰和元音 71

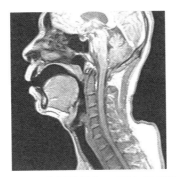

图 6.3 普通话元音 e（腭）发音图

普通话的 ê 是一个单元音，发音时下颌微张，展开双唇，软腭紧贴声道后壁，舌面向上升起靠近硬腭，声道没有明显的前后腔，在口腔段较小，在咽腔段较大，形成前小后大的声道，没有舌下腔。舌的最高点在舌面。发元音 ê 时声带的位置会上移。语音学上将 ê 的发音描写为"半高""展唇"和"前"。见图 6.4。

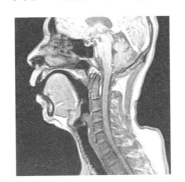

图 6.4 普通话元音 ê（诶）发音图

普通话的 i 是一个单元音，发音时下颌微张，展开双唇，软腭紧贴声道后壁，舌面靠近硬腭前部，舌尖靠近下齿，形成很小的前腔，收紧点在舌面和硬腭前部，没有舌下腔，后腔很大。舌的最高点在舌面，声道的收紧表现为一段窄的声道，位于齿龈至硬腭段。由于舌整体靠前而形成很大的咽腔。发元音 i 时声带的位置会上移。语音学上将 i 的发音描写为"高""展唇"和"前"。见图 6.5。

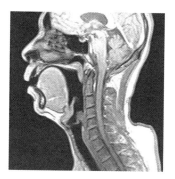

图 6.5　普通话元音 i 发音图

普通话的 u 是一个单元音，发音时下颌微开，合拢双唇，软腭紧贴声道后壁，舌根后缩靠近软腭，形成较大的前腔，收紧点在舌根和软腭处，前口腔较大。舌的最高点在舌面。由于舌根后向上靠近软腭形成较大咽腔，会厌紧贴舌根下部。发元音 u 时声带的位置变化不大。语音学上将 u 的发音描写为"高""圆唇"和"后"。见图 6.6。

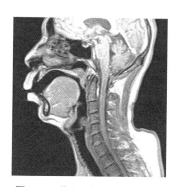

图 6.6　普通话元音 u 发音图

普通话的 ü 是一个单元音，发音时下颌微张，双唇收拢，软腭紧贴声道后壁，舌面靠近硬腭前，舌尖向下，形成一个小的前腔，收紧点在舌面和硬腭前部，前腔较小，声道后腔很大。舌的最高点在舌面，声道的收紧点在舌面和硬腭前处。由于舌整体靠前而形成很大的后咽腔。发元音 ü 时声带的位置会上移。语音学上将 ü 的发音描写为"高""圆唇"和"前"。见图 6.7。

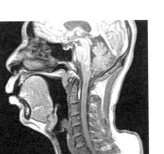

图 6.7 普通话元音 ü 发音图

普通话的-i 是一个单元音，汉语拼音用 i 表示，是音位 /i/ 的一个变体，出现在 z、c、s 后。-i 发音时下颌基本没有张开，展开双唇，软腭紧贴声道后壁，舌尖靠近齿龈前，舌根靠近软腭，收紧点在舌尖和舌根两处，声道在口腔段稍小，在咽腔段较大。舌的最高点在舌面中。发元音-i 时声带的位置会上移。语音学上将-i 的发音描写为"高""展唇"和"前"的舌尖前元音。见图 6.8。

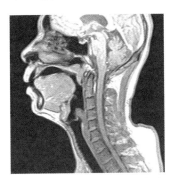

图 6.8 普通话元音 i（资）发音图

普通话的-i 是一个单元音，汉语拼音用 i 表示，是音位 /i/ 的一个变体，出现在声母 zh、ch、sh、r 后。-i 发音时下颌基本没有张开，展开双唇，软腭紧贴声道后壁，舌尖靠近齿龈后和上齿背，微微上翘，声道基本上只有一个腔体，收紧点在舌尖和齿龈处，有舌下腔，声道在口腔段较小，在咽腔段较大。舌的最高点在舌面中。发元音-i 时声带的位置会上移。语音学上将-i 的发音描写为"高""展唇"和"前"的翘舌元音。见图 6.9。

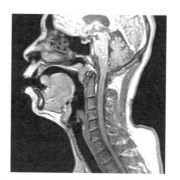

图 6.9　普通话元音 i（知）发音图

普通话的 er 是一个儿化的元音，发音时下颌微开，双唇展开，舌尖上翘，软腭紧贴声道后壁，口腔前后均匀，有较大的舌下腔。舌的最高点在舌尖，声道的收紧处表现为一点。语音学上将 er 称为 e 的儿化元音。见图 6.10。

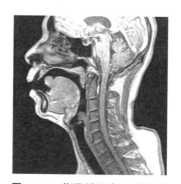

图 6.10　普通话元音 er 发音图

普通话的 ar 是一个儿化的元音，发音时下颌张开，双唇展开，舌尖上翘，软腭紧贴声道后壁，口腔前腔大后腔小，有较大的舌下腔。舌的最高点在舌尖。语音学上将 ar 称为 a 的儿化元音。见图 6.11。

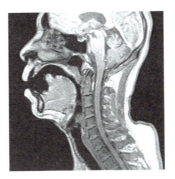

图 6.11 普通话元音 ar 发音图

6.2 读语图识元音

元音是语音最重要的组成部分,任何一种语言都需要有元音。在声学上元音主要体现为共振峰(formant),一般用 F 表示,第几共振峰通常用相应的数字来表示,如 F1,F2,……Fn。图 6.12 是元音/a/的三维语图,从语图可以看出,从下至上一共有五个共振峰。其共振峰的特点是:F1 比较大,大约在 900Hz;F2 比较小,和 F1 距离很近,大约在 1300Hz;F3 距离 F2 较远,大约在 2900Hz;F4 和 F3 很近,大约在 3800Hz;F5 大约在 4500Hz。

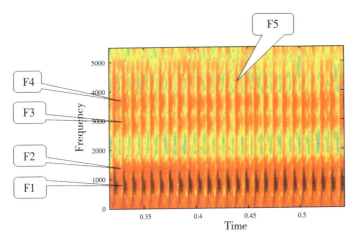

图 6.12 元音 a 的共振峰示意图

图 6.13 是元音/i/的语图,从语图可以看出,从下至上一共有

五个共振峰。其共振峰的特点是：F1 比较小，大约在 700 Hz；F2 比较大，和 F1 距离很远，大约在 2400 Hz；F3 距离 F2 较近，大约在 3100 Hz；F4 和 F3 比较近，大约在 3800 Hz；F5 大约在 4600 Hz。

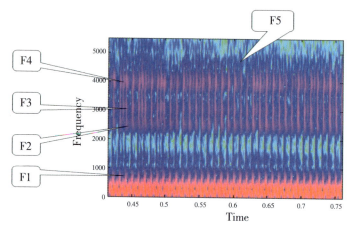

图 6.13　元音 i 的共振峰示意图

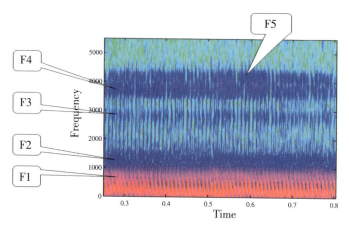

图 6.14　元音 u 的共振峰示意图

图 6.14 是元音 /u/ 的语图，从语图可以看出，从下至上一共有五个共振峰。其共振峰的特点是：F1 比较小，大约在 700 Hz；F2 也比较小，和 F1 距离很近，大约在 1300 Hz，能量很弱；F3 距离 F2 较远，大约在 2900 Hz；F4 大约在 3700 Hz；F5 大约在 4200 Hz。很明显，/u/ 元音的高次共振峰都很弱，特别是 F2、F3。

根据元音的基本性质，下面选择汉语普通话部分韵母，介绍一下读语图的具体方法。选择的韵母分为六类：第一类是 a 类；第二类是 o 类；第三类是 e 类；第四类是 i 类；第五类是 u 类；第六类是 ü 类。

第一类是 a 类，包括五个韵母，分别是 a、ai、ao、an、ang。通过上面分析得知，a 的 F1 数值较大，F1 和 F2 很近，F3 和 F2 较远，F4 和 F3 较近。

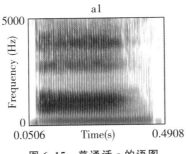

图 6.15　普通话 a 的语图

从语图上看，韵母 a 的持续段能量较强，非常稳定。韵母 a 的 F1 值较大，由于 a 声道分为前后两腔，因此，F1、F2 比较接近，在 900－1200Hz。F3、F4 比较接近，二者能量都比较强，处在 3000－4000Hz。最低端为基频的能量。见图 6.15。

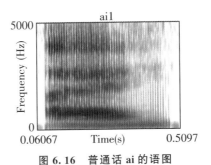

图 6.16　普通话 ai 的语图

从韵母 ai 的语图上看，韵腹 a 的持续段能量较强，后半段开始向韵尾 i 过渡，具体体现为 F1 下降和 F2 快速上升。到了 i 的位置可以看到 F1 较低，F2 距离 F1 稍远，二者能量都比较强。F3 从 a

到 i 变化不大。最低端为基频的能量。见图 6.16。

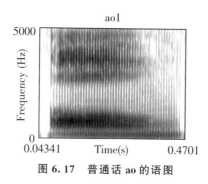

图 6.17　普通话 ao 的语图

从韵母 ao 的语图上看，韵腹 a 的持续段能量较强，随后逐渐向韵尾 o 过渡，具体体现为 F1 和 F2 都有所下降，F3 有所上升，但变化不大。F1 和 F2 较低，F3 较高，且能量都比较强。最低端为基频的能量。见图 6.17。

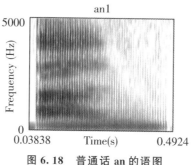

图 6.18　普通话 an 的语图

从韵母 an 的语图上看，韵腹 a 的持续段能量较强，后段受鼻化影响，出现鼻音共振峰，F1 明显下降，F2 与 F3 略微上升。韵尾鼻音段稳定。F1 在 300—400Hz，F2 和 F3 能量很弱。最低端为基频的能量。见图 6.18。

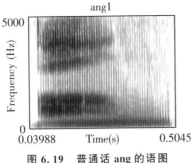

图 6.19　普通话 ang 的语图

从韵母 ang 的语图上看，韵腹 a 的持续段能量较强，后段受鼻化影响，出现鼻音共振峰，F1 受鼻音影响，后部有一点升起，F2 不变，F3 和 F4 明显上升。韵尾鼻音段稳定。F1 在 300－400 Hz，F2 的能量很弱，但 F3 的能量稍有加强，这是区别于 an 的地方。最低端为基频的能量。见图 6.19。

第二类是 o 类，主要选择了 o 和 ou 两个韵母。

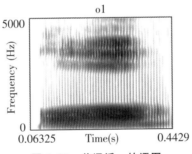

图 6.20　普通话 o 的语图

从语图上看，韵母 o 的持续段能量较强，非常稳定。音节起始部分 F1 和 F2 在 1000 Hz 左右，F3 的能量较弱。发音过程中，F1 和 F2 有所上升，F3 有一点下降。最低端为基频的能量。见图 6.20。

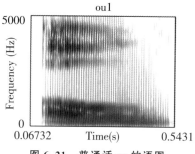

图 6.21　普通话 ou 的语图

从语图上看，ou 是前响二合元音，其共振峰有滑移段，F1、F2 逐渐下降，F3、F4 逐渐上升，形成滑移段，最后达到 u 的共振峰位置。最低端为基频的能量。见图 6.21。

第三类是 e 类，主要选择了 e、en、er 三个韵母。

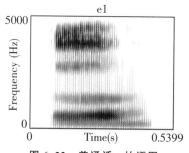

图 6.22　普通话 e 的语图

从语图上看，韵母 e 的持续段能量较强，从开头部分开始，F1 有一点缓慢的上升。F1、F2 和 F3 的能量均较强，频率分布也较均匀。F4 和 F5 的能量也很强。最低端为基频的能量。见图 6.22。

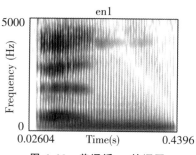

图 6.23　普通话 en 的语图

从韵母 en 的语图上看，韵腹 e 的共振峰能量都比较强，F1 较高，F2 距离 F1 较远，F2 和 F3 之间的距离稍远，而且更高的共振峰也有较强的能量。元音 e 段的基频能量带和鼻音的第一共振峰逐渐重叠，第一鼻音共振峰和元音 e 共振峰有一些重叠。第二鼻音共振峰在接近 e 第四共振峰的地方。见图 6.23。

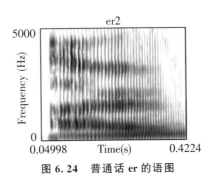

图 6.24　普通话 er 的语图

从语图上看，韵母 er 最明显的特征是，从韵腹 e 的开头部分开始，F1 缓慢地下降，F2 上升。F3 和 F4 体现为下降，F5 体现为上升。韵腹 e 的持续段能量较强。见图 6.24。

第四类是 i 类，一共包括十个韵母。这里用零声母音节 yi、ya、ye、yao、yan、yang、you、yong、ying 和 yin 为分析样本。

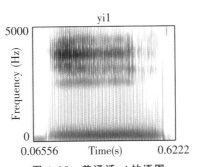

图 6.25　普通话 yi 的语图

从 yi 的语图上看，音节起始段为通音，既有明显的共振峰，又有高频的乱纹。韵腹 i 没有稳定段，F1 约为 400Hz，F2 约为 3200Hz，F1、F2 分开为元音 i 的典型特征，F3 在 4000Hz 附近。F1 和基频的能量重叠。见图 6.25。

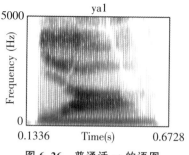

图 6.26 普通话 ya 的语图

从 ya 的语图上看，零声母段的时长较短，音节起点共振峰和前高元音 i 类似，i 的第一、二峰值较远，然后迅速向韵腹 a 过渡，F1 迅速上升，将基频能量带显露出来。F2 和 F3 迅速下降，F4 有一点下降，但变化不大。a 有明显的稳定段。见图 6.26。

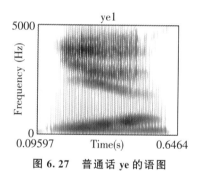

图 6.27 普通话 ye 的语图

从 ye 的语图上看，韵头 i 持续一段时间后，共振峰从韵头 i 开始上升，逐渐过渡到韵腹 e，这时可以明显地看到基频的能量带被显露出来。整体上，F1 是上升的，F2 和 F3 明显下降，高次共振峰比较平稳，变化不大。见图 6.27。

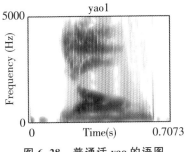

图 6.28　普通话 yao 的语图

从 yao 的语图上看,共振峰从韵头 i 较快地过渡到韵腹 a,具体体现为 F1 上升,F1 下面是基频能量带。F2 体现为下降,但 F3 为上升状态。最后逐渐过渡到韵尾 u,具体体现为 F1 和 F2 下降。F3 能量非常弱,看不太清楚。见图 6.28。

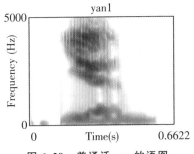

图 6.29　普通话 yan 的语图

从 yan 的语图上看,零声母段的时长较短,音节起点共振峰和前高元音 i 类似,但是非常不稳定,然后迅速向韵腹 a 过渡,F1 迅速上升,F2 迅速下降,F3 先降后升。韵腹向韵尾齿龈鼻音过渡过程中,F1 下降,F2 和 F3 能量较弱,变化不大。韵尾鼻音段的 F1 在 250-300Hz。见图 6.29。

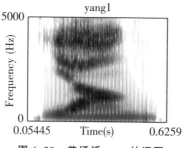

图 6.30 普通话 yang 的语图

从 yang 的语图上看，零声母段的时长较短，音节起点共振峰和前高元音 i 类似，但是非常不稳定，迅速向韵腹 a 过渡，F1 迅速上升，F2 迅速下降，F3 先降后升。韵腹向韵尾软腭鼻音过渡过程中，F1 和 F2 下降，F3 略升。韵尾鼻音段的 F1 在 250－300 Hz，F2 和 F3 能量较弱。见图 6.30。

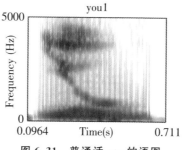

图 6.31 普通话 you 的语图

从 you 的语图上看，音节起始段为通音，既有明显的共振峰，又有高频的乱纹。韵腹的过渡段 F2 急速下降，F3 也急速下降。韵腹 o 的共振峰不稳定，F1 和 F2 体现为下降，F3 上升，向韵尾 u 过渡。由于 u 的共振峰高频的能量很弱，看得不是很清楚。见图 6.31。

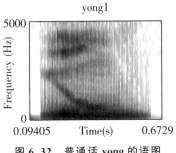

图 6.32 普通话 yong 的语图

从 yong 的语图上看,共振峰从韵头 i 迅速过渡到韵腹 o,体现为 F1 上升,F2 下降,F3 略上升。韵腹 o 持续一段时间后,其后半段受鼻音影响,出现鼻音共振峰,并过渡到鼻音韵尾 ng。见图 6.32。

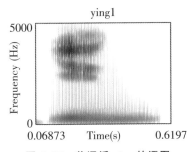

图 6.33 普通话 ying 的语图

从 ying 的语图上看,韵腹 i 持续一段时间后,其后半段受鼻音的影响,出现鼻音共振峰,并过渡到鼻音韵尾 ng,具体体现为 F1 在 250—300 Hz,F2 在 2500 Hz 左右,F3 在 3500 Hz 左右。鼻音共振峰的高次共振峰看不太清楚。见图 6.33。

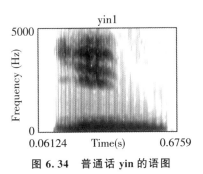

图 6.34 普通话 yin 的语图

从 yin 的语图上看，韵腹 i 持续一段时间后，其后半段受鼻音的影响，出现鼻音共振峰，并过渡到鼻音韵尾 n，具体体现为 F1 在 250－300Hz，F2 在 2500Hz 左右，F3 在 3500Hz 左右。见图 6.34。

第四类是 u 类，包括八个韵母。这里用零声母音节 wu、wo、wai、wei、wan、wang、wen、weng 为分析样本。

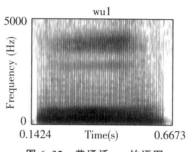

图 6.35　普通话 wu 的语图

从 wu 的语图上看，音节起始段为通音，既有明显的共振峰，又有高频的乱纹。韵腹 u 相对稳定，F1、F2 距离很近，处于较低位置，F1 约为 400Hz，F2 约为 500Hz。F3 很高，但能量较弱，在 3600Hz 附近。见图 6.35。

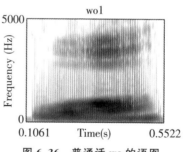

图 6.36　普通话 wo 的语图

从 wo 的语图上看，音节起始部分 F1 和 F2 频率较低，F3 的能量较弱，说明声道收紧程度较高。然后从 u 向韵尾 o 过渡，表现为 F1 和 F2 逐渐升高。F3 先降后微升。见图 6.36。

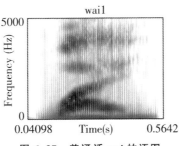

图 6.37 普通话 wai 的语图

从 wai 的语图上看，韵头 u 没有持续稳定段，迅速过渡到韵腹 a，体现为 F1 和 F2 急速上升，F3 前段在 u 处能量较弱，看得不是很清楚。进入 a 段时，F1 和 F2 还是上升，F3 平稳，变化不明显。然后又过渡到韵尾 i，具体体现为 F1 下降，F2 和 F3 为上升。最低处是基频的能量。见图 6.37。

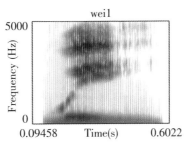

图 6.38 普通话 wei 的语图

从 wei 的语图上看，韵头 u 没有持续稳定段，迅速过渡到韵腹 e，具体体现为 F2 上升，这个阶段 F3 以上的共振峰能量不太明显。在 e 段，F1 和 F3 变化不明显。过渡到韵尾 i 时，F1 下降，F2 迅速上升，F3 略微上升，能量逐渐减小。见图 6.38。

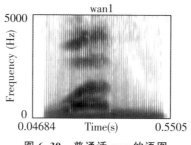
图 6.39　普通话 wan 的语图

从 wan 的语图上看，韵头 u 没有持续稳定段，迅速过渡到韵腹 a，具体体现为 F1 和 F2 显著上升，F3 变化不明显，这时语图的最低端可以看到基频的能量。然后又迅速过渡到韵尾 n，这时，F1 下降，F2 和 F3 减弱。见图 6.39。

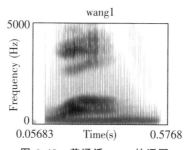
图 6.40　普通话 wang 的语图

从 wang 的语图上看，韵头 u 没有持续稳定段，迅速过渡到韵腹 a，具体体现为 F1 和 F2 显著上升，F3 能量很弱。到了 a 段时，F1 和 F2 平稳，F3 上升。然后又迅速过渡到韵尾 ng，体现为 F1 下降，和基频能量带重合，F2 和 F3 能量减弱，看得不是很清楚。见图 6.40。

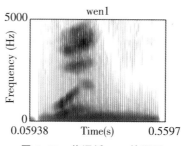
图 6.41　普通话 wen 的语图

从 wen 的语图上看，韵头 u 没有持续稳定段，高次共振峰也没有能量。然后迅速过渡到韵腹 e，体现为 F1、F2 和 F3 上升。然后又迅速过渡到韵尾 n，体现为 F1 下降，F2 和 F3 能量减弱。见图 6.41。

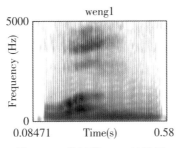

图 6.42　普通话 weng 的语图

从 weng 的语图上看，韵头 u 没有持续稳定段，高次共振峰能量很小。然后迅速过渡到韵腹 e，体现为 F1、F2 和 F3 都上升，这时可以看到基频的能量带。然后又迅速过渡到韵尾 ng，体现为 F1 下降，F2 和 F3 减弱。见图 6.42。

第六类是 ü 类，主要包括四个韵母。这里用零声母音节 yu、yue、yun 和 yuan 为分析样本，对就这四个韵母进行一些语图上的描述。

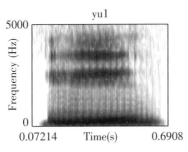

图 6.43　普通话 yu 的语图

从 yu 的语图上看，音节起始段为通音，既有明显的共振峰，又有高频的乱纹。韵腹 ü 稳定，F1 约为 400 Hz，F2 约为 2800 Hz，比元音 i 低，F3 在 3200 Hz 附近。F3 明显偏低是元音 ü 的典型特征。见图 6.43。

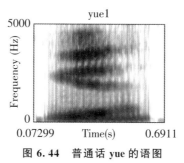

图 6.44　普通话 yue 的语图

从 yue 的语图上看，音节起始段为通音，既有明显的共振峰，又有高频的乱纹。韵腹 ü 的共振峰不稳定，F1 保持稳定，稍微有一点上升，F2 下降，F3 为平升，向韵尾 e 过渡，只是 F3 和 F4 稍微有一点上升。见图 6.44。

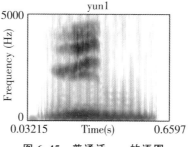

图 6.45　普通话 yun 的语图

从 yun 的语图上看，音节起始段为通音，既有明显的共振峰，又有高频的乱纹。韵腹 ü 的共振峰不稳定，F1 保持稳定，F2 下降，F3 上升。然后向韵尾 n 过渡。韵尾齿龈鼻音段稳定，体现为 F1 在 250－300Hz，F2 和 F3 能量很弱。见图 6.45。

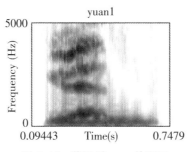

图 6.46 普通话 yuan 的语图

从 yuan 的语图上看，音节起始段为通音，韵头 ü 的共振峰不稳定，F1 上升，F2 下降，F3 上升。然后向韵腹 a 过渡。韵腹 a 的共振峰保持稳定一段时间后，向韵尾 n 过渡。韵尾齿龈鼻音段稳定，体现为 F1 在 250—300 Hz，F2 和 F3 能量很弱。见图 6.46。

6.3 共振峰的提取

下面介绍共振峰的自动提取。语图仪刚出现的时候，只是一个电子的语图仪，并没有进行数字化。因为当时还没有计算机，所以不可能对这个信号进行数字信号处理，它只是一个模拟电路。当一个语音信号进去了以后，它通过分频可以看到语音的一些性质。随着技术的发展，特别是有了计算机以后，模拟信号处理就变成了数字信号处理。数字信号处理主要是利用数学的方法对语音的信号进行分析。

有了数字信号处理以后，就可以把一个共振峰直接提取出来变成参数，然后进行统计分析，这就是数字信号的好处。用数字信号来提取共振峰，主要有下面三种方法：一是从语图上手工确定共振峰参数；二是用线性预测的算法来提取共振峰参数；三是用倒谱法来提取共振峰参数。

第一种方法比较简单。首先利用软件画出一张宽带语图，把光标放在想要的共振峰横杠上，直接读出数据。利用这样的方法对每个共振峰读取数据，最终就可以得到想要的参数。但这种方法需要在读语图方面有很好的经验，读取的数据才能准确。

第二种方法是用线性预测的方法。取一段信号，通过线性预测的计算得到一组线性预测系数，通常叫 LPC（Linear Predictive Coding）系数。拿这些系数去解方程，就能得到共振峰参数、响应的带宽，或者响应的振幅。LPC 是一个全极点模型，如果 LPC 的阶数取得比较合适，它基本上能和共振峰对应。如用 10k 采样频率的语音信号，用 12 阶的 LPC 阶数去计算，对于大多数元音来说，提取的共振峰基本准确。但如果要提取 u 或者 ü 的共振峰，就会有误差，因为 u 和 ü 的 F2 和 F1 很接近，用这个阶数常常无法区分 u 和 ü 的 F1、F2。

除了提取共振峰的频率以外，LPC 还能够把它的带宽和振幅计算出来。有一点要强调，即 LPC 提取出来的共振峰，实际上是一个极点，对应于声道共鸣特性。但实际上语音还会产生低谷点，这个低谷点称为零点。LPC 是一个全极点模型，所以只能提出极点，但无法提出零点。如果把阶数设置得很高，这样提出来的极点就会很多。比如利用 20 阶可提出来十个极点，这十个极点和语音学上对应于发音特性的共振峰是不同的。所以说，在用 LPC 提取共振峰的时候一定要小心，它提出来的是极点，并不完全等于语音学上的共振峰。只有在把它的阶数调得比较合理的情况下，提出的共振峰才能使用。

第三种方法是倒谱的方法。倒谱法是快速傅里叶变换的方法。提取的方法是先做一个傅里叶变换，然后对它取对数，取对数后再进行反变换，把它变换到时域。这就产生了一种现象，即把共鸣特征放在了左边，而把声源的脉冲放在了右边。这时只要把反映声带振动脉冲的信号去掉，只用左边共鸣信号去做傅里叶变换，就会得到一个非常平滑的谱。这个谱能够非常好地反映各个共振峰频率响应的情况，就可以很好地测量到共振峰。

用倒谱法得到频率响应包络，也可以排列起来作为语图。这时语图所反映的是没有噪音的共鸣特征，共振峰会很漂亮。它和 LPC 的共振峰有共同的地方，但也有所不同。这个包络的每一点都反映一个频率的响应，而 LPC 的共振峰语图所反映出来的极点的位置是比较准确的,其他地方不一定能反映出具体的频率响应。

总之,运用现代信号处理技术,可以比较容易地提取出共振峰的参数。本节介绍的三种方法是最常用的,即语图的方法、LPC 的方法和倒谱的方法。这三种方法不仅能够满足普通的语音学元音分析的需要,同时也能满足自动化处理,即言语工程和言语通讯的需要。

6.4 声学元音图

这一节介绍声学元音图。在提出了共振峰以后,就可以用共振峰来对元音进行描写。为了发现元音之间的规律,人们发明了声学元音图。在画声学元音图时,可以有静态和动态两种类型。静态声学元音图就是只用一组数据画出的一个位置,通常是将第一共振峰和第二共振峰标在一个二维坐标上。如元音 a,把它的 F1 和 F2 标在一个元音图上,就会在坐标上产生一个点,用同样的方法描写元音 i、u,把它们都标在同一张图上,正好形成了一个三角。众所周知,a、i、u 是发音的三个顶点位置,i 是前高展唇元音,中 a 是低中展唇元音,u 是后高圆唇元音。这样形成了一个三角区域,其他的元音基本都落在这个三角区域里。声学元音图的原点在右上角。见图 6.47。

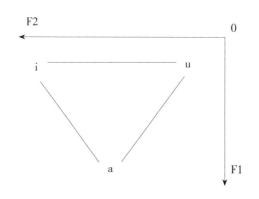

图 6.47　二维静态声学元音图

动态声学元音图是将体现元音变化的多帧数据画在声学元音图

上，来体现动态的变化过程。比如说 ai 是一个二合元音，每隔一段提取一组共振峰参数，然后画在声学元音图上，这样就形成了元音变化的轨迹。从这条轨迹可以看出从元音 a 滑动到元音 i 的过程。见图 6.48。

另外，除了动态和静态的元音图以外，还可以用前三个共振峰在一个三维坐标上画出三维声学元音图。

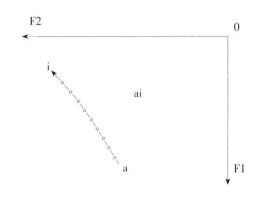

图 6.48　二维动态声学元音图

通过声学元音图可以发现，第一共振峰和发音的开口度相关，也就是说，第一共振峰的数值越大，开口度越大；第一共振峰的数值越小，开口度越小。比如说元音 a，它的第一共振峰的数值很大，因此在图的下方；元音 i 的第一共振峰很小，因此在图的上方。另外还可以发现，第二共振峰和发音的前后有关，即第二共振峰的数值越大，发音越靠前；第二共振峰的数值越小，发音越靠后。如元音 i 的第二共振峰很大，因此在图的前边；元音 u 的第二共振峰很小，因此在图的后边。见图 6.47。

研究表明，圆唇元音的第三共振峰都比其对应的非圆唇元音要小，根据这一特性，可以用三维声学元音图来表示舌位的前后、高低和唇的圆展。

有了声学元音图，在得到了共振峰参数后，就可以通过声学元音图展现元音基本的发音生理性质。这样就有了一个通过声学分析类推到舌位变化上的研究方法，这就是声学分析在语音学研究中的主要目的。因为在很多情况下（如田野调查）会有两个音，人们能听出音的差别，但是很难确定它们在生理上的不同，这给审音和标记国际音标带来了很大的困难，而声学分析可以很好地解决这个问题。

利用共振峰和声学元音图可以研究二合元音的滑动过程。如研究二合元音时发现，有的二合元音一个强一个弱，叫作假性二合元音。汉语普通话的二合元音都是假性二合元音，有的是前强，有的是后强。前强就是前面的共振峰比较稳定，第二共振峰刚滑动到位置它就停止了，是一个目标位置的指向。后强二合元音是第二个元音有稳定段，如 ya，前面 y 的共振峰是处于滑动过程中，而 a 是有稳定持续段。在研究其他语言时发现也有真性二合元音，如藏语有真性二合元音，其性质和假性二合元音是不同的。真性二合元音的两个元音都有稳定的时长，都有稳定的状态。在世界上的语言里边，真性二合元音是比较少的，而大部分都是假性二合元音。

利用共振峰和声学元音图还可以研究元音的儿化过程（林焘、王理嘉等，1985）。在研究元音儿化的时候发现，儿化的声学性质一般是第三共振峰下降得比较快。通过第三共振峰下降的程度，可以对儿化进行分类，如将汉语普通话儿化音节的共振峰提取若干帧，画在声学元音图上面，就可以发现汉语普通话的儿化可以分成化合型和组合型。所谓化合型，是前一个音节的韵母和儿化音糅合在了一起，变成了一个很紧密的二合儿化元音。而组合型是除了有儿化现象，即第二、三共振峰下降以外，前面的韵母还有一个比较稳定的阶段，后接儿化音。

现在简单介绍一下反共鸣。共鸣可以通过共振峰和声学元音图来研究，而反共鸣是一个声谷，语图上是很浅的颜色，无法发现。在信号处理上，可以通过其他办法来提取共鸣的顶点和反共鸣的参数。前面讲过，言语产生要经过一个单开口的均匀管子，这个管子的第一个共振峰是它的四分之一波长的地方，高次共振峰按奇数增长。由于说话时管子前后发生了变化，即前腔和后腔大小的变化，均匀的共振峰就会移动。这种现象是耦合（coupling）造成的，它不仅可以使共振峰发生移动，还会造成原来谷底的加深，这就是零点。在言语产生中，明显的两根管子会产生明显的零点。如鼻音会形成零点，特别是双唇鼻音能形成明显的两个共鸣腔体。声门开合也能形成零点，这是因为当声门关闭时，声道是从声带到双唇；但当声门打开时就形成了两个声管：一个是从声带到双唇，另一个是从声带到气管的分支处，因此可形成零点。从语图上可以看出声门开启段和声门关闭段的共鸣明显不同，就是这个原因。另外，梨状窝下陷也可造成零点。元音反共鸣的研究对元音感知的清晰度有很大影响，因此，研究反共鸣对言语产生的基础理论、语音生理合成、声乐共鸣等都有重要意义。

6.5 语音量子理论

最后简单介绍一下语音量子理论，即声道和声学之间的关系的研究。声道是由发音器官组成，但是在发不同音的时候，声道的形状一直在变化，主要就是前腔和后腔大小的变化。比如元音 i，它是前腔小，后腔大；元音 u，就是后腔小，前腔大。反映到声学上面，人们要建立一些模型，进行一个声学描写。1972 年，美国语音学家史蒂文斯（Stevens）首次提出了语音量子理论（Quantal Nature of Speech，简称 QNS），在语音学、语音科学和言语工程界引起了对言语产生理论的广泛讨论。语音量子理论的主要内容，是将语音产生的生理参数、声学参数和感知之间的非线性关系定义为量子关系。语音量子理论的提出为解释很多语音现象提供了理论基础，但是这个理论提出得比较早，从现在信号处理的角度来说，如果用语音量子理论进行建模和合成，可能还是有一定的问题。但随着磁共振声道采集技术的广泛应用，语音量子理论一定会得到发展和完善。

语音量子理论提出了许多有意思的现象和问题，如舌下腔的问题。舌下腔和儿化现象有关。很多语言都有儿化现象，儿化音在世界的语音声学研究中的文章可能是最多的。发儿化音时，因为舌头的翘起，打破了声道简单的形状。声道通常是有一个前腔和一个后腔，它们之间的体积随着舌的运动在变化。如果舌头抬起，把前腔分隔成两个部分，就形成了舌下腔。舌下腔是非常有意思的一种现象。对舌下腔声学和生理的对应研究发现，在发儿化音的时候，舌下腔变化，声学上不一定会有变化；但达到了某一个界限后，只要舌下腔有一点小的变化，就会导致声学上较大的变化。舌下腔的研究使人们对共鸣现象，特别是对儿化音的共鸣现象有了新的认识，这对于解释不同语言的儿化音起到了很好的作用。舌下腔和共振峰之间的计算是很复杂的，到目前为止还有许多需要解决的问题，有很多不清楚的地方。

第 七 章　噪声、浊音和辅音

章节简介：
　　本章的内容主要有：1) 普通话辅音的发音性质；2) 读语图识辅音；3) 辅音的声学性质；4) 辅音参数的提取。本章的主要目的是让学习者掌握辅音的发音原理、声学性质和参数提取。

7.1 辅音的发音性质

　　这一节以汉语普通话的辅音为例，简单介绍辅音的发音过程和基本性质。在早期的研究中，发音动作的观察和研究主要是通过 X 光技术来完成。在 X 光出现后，国际上拍摄了大量英语和法语的 X 光发音动作。汉语在利用 X 光研究发音动作方面做得比较少，主要有吴宗济先生拍摄的普通话静态发音动作和鲍怀翘先生拍摄的普通话动态 X 光样本及两位前辈进行的研究。由于 X 光对人体有害，现在已经不能用于人体试验研究。随着磁共振成像（MRI）技术的发展，在语音发音的研究方面，X 光逐渐被磁共振代替。为了研究汉语普通话的发音动作，我们拍摄了大量汉语普通话静态和动态的发音动作，下面利用这些磁共振资料对普通话的辅音发音进行一些描述。

　　普通话辅音 b 发音时双唇紧闭，肺部用力使口腔内压力增大，然后除阻，除阻时不送气。图 7.1 为 ba、bi、bu 除阻前的发音状态。可以看出，双唇的持阻状态基本相同，后接元音 u 时，持阻状态有稍许圆唇和双唇前突的动作。但由于后接元音不同,持阻时舌位的状态和位置大不相同,基本上是向各自元音的目标位置靠近的状态,见单元音的描写部分。和相对应的送气音节相比,在成阻状态下,口腔的前腔较小。

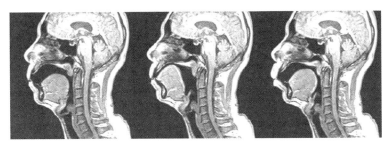

图 7.1　普通话辅音 b 的发音图

普通话辅音 d 发音时舌尖抵在齿龈处形成口腔阻塞,肺部用力使口腔内压力增大,然后除阻,除阻时不送气。图 7.2 为 da、di、du 除阻前的发音状态。可以看出,持阻状态完全不同。后接 a 和 u 元音时,舌面下降,但后接 i 元音时,整个舌面抬起。在持阻阶段,后接元音 u 时有圆唇的动作,但唇突动作不是很明显,后接 a、i 时无圆唇动作。除阻后,da 向 a 的目标位置过渡,di 向 i 的目标位置过渡,舌位变化不大,du 向 u 的目标位置过渡,见单元音的描写部分。虽然 du 的双唇变化不大,但舌位迅速向 u 的目标位置过渡,变化很大。

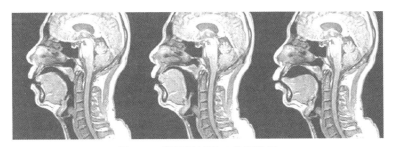

图 7.2　普通话辅音 d 的发音图

普通话辅音 g 发音时舌根和软腭接触形成阻塞点,肺部用力增加声道阻塞点后段的压力,然后除阻,除阻时不送气。图 7.3 为

ga、gu 除阻前的发音状态。可以看出，持阻状态不太相同，后接 a 和 u 元音时，舌尖和舌面前低后高，基本相同。在持阻阶段，后接元音 u 时有圆唇的动作，唇突动作不是很明显，后接元音 a 时无圆唇动作。除阻后舌位的状态完全不同：ga 向 a 的目标位置过渡，主要是舌根向后；gu 向 u 的目标位置过渡，主要是舌根向后上软腭处。见单元音的描写部分。gu 的双唇变化不大，舌位向 u 的目标位置过渡，变化不大。

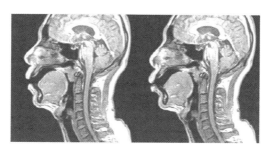

图 7.3　普通话辅音 g 的发音图

普通话辅音 zh 发音时舌尖翘起，成阻点部位在齿龈和硬腭的接触部位，除阻后舌尖和接触部位有气流流出，形成一段摩擦音。图 7.4 为 zha、zhi、zhu 除阻前的发音状态。可以看出，后接元音不同时，持阻状态基本相同，舌面向硬腭和软腭之间抬起。在持阻阶段，后接元音 u 时有圆唇的动作，唇突动作很明显，后接 a、-i 时无圆唇动作。除阻后舌位的状态完全不同：zha 向 a 的目标位置过渡；zhi 向 -i 的目标位置过渡，舌位变化不大；zhu 向 u 的目标位置过渡。见单元音的描写部分。zhu 的双唇变化不大，舌位变化也较小。

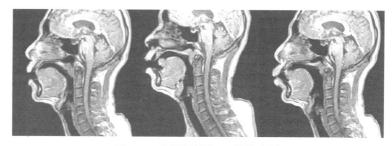

图 7.4　普通话辅音 zh 的发音图

普通话辅音 f 发音时上齿和下唇接触形成阻塞点，在气流冲击下，齿和唇之间形成缝隙，流出气流产生摩擦音。图 7.5 为后接元音 a、u 两种不同情况。从成阻和持阻状态看，两种情况下基本相同，都是前低后高，形成两个声道腔体。整个舌位 fa 和 fu 都较低，发 fu 时舌根更靠近软腭。除阻后舌位运动完全不同，各自向自己的目标位置运动。

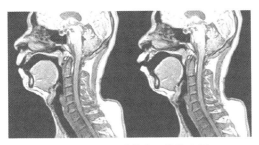

图 7.5　普通话辅音 f 的发音图

普通话辅音 s 是一个摩擦音。s 发音时舌尖微微翘起，和上齿背及齿龈前接触，形成阻塞点，肺部用力使口腔内压力增加，然后在阻塞点产生一条缝隙，气流流出产生摩擦音。s 发音时软腭紧贴声道后壁。图 7.6 为 si、su 除阻前的发音状态。根据后接元音的不同，主要有展唇和圆唇两种状态：展唇时舌根声道只有一个腔体，收紧点在舌尖和齿背齿龈前处，没有舌下腔，声道在口腔段较小，在咽腔段较大，舌的最高点在舌面中；圆唇时舌根向后上软腭抬起，形成两个阻塞点，一个在舌尖与齿背和齿龈交界处，另一个在舌根和软腭处，舌面微微下垂，声道形成两个腔体，声道在口腔段较小，在咽腔段较大，舌的最高点在舌面中。发 s 时声带的位置会上移。语音学上将 s 的发音描写为"舌尖齿龈清擦音"。普通话的 s 在发音过程中有稳定的持续状态，完成发音后过渡到后接元音的发音位置。

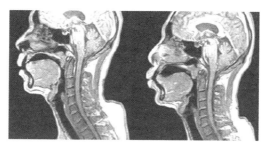

图 7.6　普通话辅音 s 的发音图

普通话辅音 sh 是一个摩擦音。sh 发音时舌尖和齿龈接触形成阻塞点，肺部用力使口腔内压力增加，在阻塞点产生一条缝隙，气流流出产生摩擦音。sh 发音时软腭紧贴声道后壁。图 7.7 为 shi、shu 除阻前的发音状态。根据后接元音的不同主要有展唇和圆唇两种状态：展唇时舌根声道主要有一个腔体，收紧点在舌尖和齿龈处，有一点舌下腔，声道在口腔段较小，在咽腔段较大，舌的最高点在舌面中；圆唇时舌面前和舌尖接壤段微微下降，声道在口腔段有一个腔体，在咽腔段还有一个较大的腔体，舌的最高点在舌面中。发 sh 时声带的位置会上移。语音学上将 sh 的发音描写为"舌尖齿龈后清擦音"。普通话的 sh 在发音过程中有稳定的持续状态，完成发音后过渡到各自后接元音的发音位置。

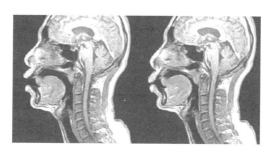

图 7.7　普通话辅音 sh 的发音图

普通话辅音 x 发音时舌面上抬，和硬腭形成阻塞，肺部用力使口腔内压力增加，在阻塞点产生缝隙，气流流出产生摩擦音。图 7.8 为 xi、xu 除阻前的发音状态。可以看出，后接元音不同时，持阻状态基本相同，舌面向硬腭抬起。持阻阶段，后接元音 ü 时有圆唇的动作，唇的突出动作不是很明显，后接 i 时无圆唇动作。除阻后，xi 向 i 的目标位置过渡，舌位变化不大；xu 向 ü 的目标位置过渡。见单元音的描写部分。除阻后 xu 的双唇变化不大，舌位变化也较小。

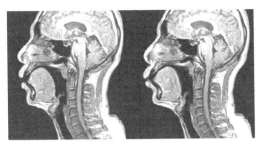

图 7.8　普通话辅音 x 的发音图

普通话辅音 h 发音时舌根和软腭接触，形成阻塞点，肺部用力增加声道阻塞点后段的压力，气流通过阻塞点流出，产生擦音。图 7.9 为 ha、he、hu 除阻前的发音状态。可以看出，持阻状态大致相同，舌根将口腔段分为两个腔体。在持阻阶段，后接 a、e 时无圆唇动作，后接元音 u 时有圆唇的动作，唇的突出动作不是很明显。除阻后舌位的状态完全不同：ha 向 a 的目标位置过渡，主要是舌根向后；he 向 e 的目标位置过渡，舌位变化不大；hu 向 u 的目标位置过渡，主要是舌根向后上软腭处。见单元音的描写部分。hu 的双唇在向 u 的目标位置过渡时变化不大。

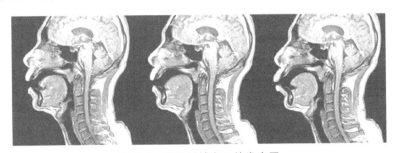

图 7.9　普通话辅音 h 的发音图

普通话辅音 m 发音时双唇接触形成阻塞，同时软腭下垂，声道形成两个共鸣腔体：一个是咽腔加口腔，另一个是鼻腔。气流通过声带产生振动，然后经鼻腔流出，形成鼻音。图 7.10 为后接元音 a、i、u 的三种不同情况。从成阻和持阻状态看，三种情况下完全不同：发 ma 时舌位前低后高，声道分成两个腔体；发 mi 时舌面整个抬起，前腔很小，后腔很大；发 mu 时舌位前低后高，和发 ma 时相近，但舌根更靠近软腭。除阻后舌位运动完全不同，各自向自己的目标位置运动。

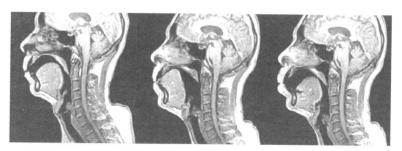

图 7.10　普通话辅音 m 的发音图

普通话辅音 n 发音时舌尖和齿龈接触形成阻塞，同时软腭下垂，声道形成两个共鸣腔体：一个是咽腔加口腔，另一个是鼻腔。气流通过声带产生振动，然后经鼻腔流出，形成鼻音。图 7.11 为后接元音 a、i、u 的三种不同情况。从成阻和持阻状态看，三种情况下完全不同：发 na 时舌面前微微下凹，整个舌位较高，声道分成前后两个腔体，前腔小后腔大；发 ni 时舌面整个抬起，前腔很小，后腔很大；发 nu 时舌面前下凹，舌位前部低，舌根将声道分成两部分。除阻后舌位运动完全不同，各自向自己的目标位置运动。见单元音的描写部分。

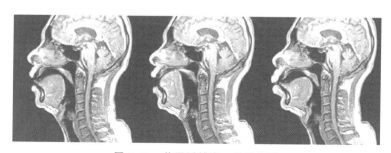

图 7.11　普通话辅音 n 的发音图

普通话辅音 ng 在汉语普通话中只可以做鼻音韵尾，发音时舌根和软腭接触形成阻塞，同时软腭下垂，声道形成两个共鸣腔体：一个是咽腔，另一个是鼻腔。气流通过声带产生振动，然后经过咽腔，最后经鼻腔流出，形成鼻音。见图 7.12。

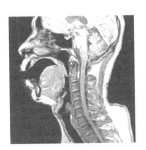

图 7.12　普通话辅音 ng 的发音图

普通话辅音 l 发音时舌尖和齿龈接触形成阻塞，气流从舌的两边流出，同时声带振动，产生边音。图 7.13 为 la、li、lu 除阻前的发音状态。可以看出，持阻状态完全不同：后接元音 a 元音时舌尖抬起接触齿龈，舌面前下凹，舌面中适度抬起，从舌尖向后形成一个比较均匀的声道；后接 u 元音时，舌面前下凹，但舌面中抬得很高，形成前后两个声腔；后接 i 元音时，舌面前整个抬起，声道形成一个大的咽腔腔体。后接元音 u 时有圆唇的动作，但唇突动作不是很明显，后接 a、i 时无圆唇动作。除阻后舌位的状态完全不同：la 向 a 的目标位置过渡；li 向 i 的目标位置过渡，舌位变化不大；lu 向 u 的目标位置过渡。见单元音的描写部分。虽然 lu 的双唇变化不大，但舌位迅速向 u 的目标位置过渡，变化很大。

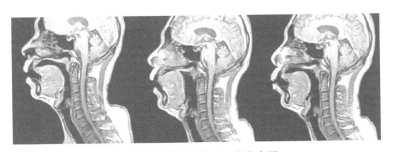

图 7.13　普通话辅音 l 的发音图

7.2 读语图识辅音

这一节主要介绍辅音的基本声学特征在语图上的表现。通过读语图可以很好地认识辅音的声学特性，为后面的语音学学习和研究奠定良好的基础。读语图也是田野调查的一项基本功，即在遇到难以记录和描写的语音时，通过语图可以便捷、准确地确定语音的性质。

塞音的声学性质主要体现为冲直条，见图 7.14。从图中可以看出，塞音爆破时，在声学上表现为从低频到高频都具有很强的能量，通常称为"冲直条"。如果更进一步做信号处理，可以发现，冲直条上有些频段能量较强，有些频段能量较弱，这主要是由于发音部位不同，口腔对爆破单脉冲声源进行了调制。图 7.14（左）是普通话辅音 ba 的语图，从中可以看到，音节的起始是 b 的冲直条，后面是后接元音 a 的共振峰。冲直条还有一种比较常见的现象，即在发舌根塞音时，常常会出现双冲直条的现象。这主要是由于舌根的阻塞面积较大，气流有时会从两个点冲出，造成双冲直条的现象。汉语普通话的 g 和 k 都会出现双冲直条的现象，而且男声出现双冲直条的可能性比女声的大，这反映了男女舌根阻塞面积大小的不同和发音方式的细微差别。图 7.14（右）是普通话辅音 ga 的语图，从中可以看到，在音节的起始处有两个冲直条，后面为元音 a 的语图，主要体现为共振峰。

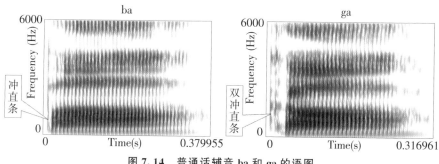

图 7.14 普通话辅音 ba 和 ga 的语图

擦音在声学上主要体现为"乱纹"。从频谱的角度看，乱纹的声学性质是噪音声源。从噪声的能量看，不同擦音能量的分布不同。通常根据乱纹的频率下限、中心频率和强频带来判断擦音的发音部位和性质。见图 7.15。

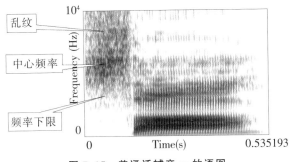

图 7.15　普通话辅音 sa 的语图

塞擦音是汉藏语系语言特有的语音组合和单位。在声学上，塞擦音体现为"冲直条＋摩擦乱纹＋送气乱纹"。图 7.16 是普通话塞擦音声母音节 cha 的语图，可以看出最前面是冲直条，但能量较弱；紧接着是摩擦乱纹，能量比较强；最后是送气乱纹，和摩擦乱纹相比，送气乱纹能量要弱一些。在送气乱纹处可以看出，和共振峰连接处有强频带。强频带是共鸣造成的，是口腔共鸣特性在噪音声源中的体现，一旦声带振动就体现为共振峰。

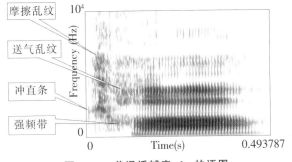

图 7.16　普通话辅音 cha 的语图

鼻音的声学性质也体现为共振峰，从下至上可以有多个，见图 7.17。从图中可以看出，鼻音共振峰有以下特点：1）鼻音共振峰一般不会变化，这是因为鼻腔是固定的，在发音过程中不会主动改变形状；2）鼻音共振峰之间会有反共鸣出现，这是口腔通道和鼻腔通道分叉造成声道共鸣的耦合现象，称为"反共振峰"（anti-formant）；3）鼻音共振峰和后接元音的共振峰之间体现为断层，这和软腭的突然打开有关；4）鼻音作为韵尾，和元音之间体现为先鼻化后鼻音的过渡状态。见图 7.17 和前面有关鼻尾韵的语图。

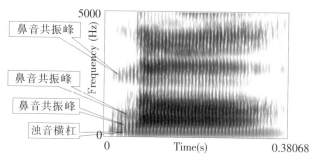

图 7.17　普通话辅音 na 的语图

边音的声学性质也体现为共振峰，从下至上可以有多个，见图 7.18。从图中可以看出，普通话的边音有四个明显的共振峰，而且可以看出边音第二共振峰的变化。

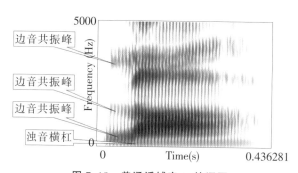

图 7.18　普通话辅音 la 的语图

最后来讨论一下 VOT（voice onset time）。VOT 是嗓音起始时间，即在塞音冲直条出现前后声带振动的起始时间，见图 7.19，图中的三个音节是三个英语词。从图中可以看出，第一个词的辅音有前浊段，VOT 是负值；第二个词虽然也是浊音，但发音人将其清化了，没有明显的前浊段，所以 VOT 基本等于零或者说有一点正值；第三个词是清送气塞音，VOT 是正值，而且数值很大。在语言交际中，VOT 的大小对塞音清浊和送气等的感知十分重要。

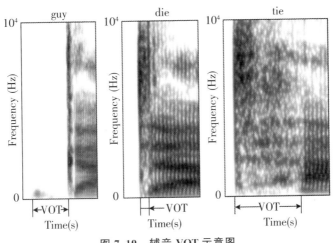

图 7.19　辅音 VOT 示意图

根据辅音在语图上的表现和基本特征，下面以汉语普通话的声母为例，简单介绍一下怎样从语图读辅音的声学性质。

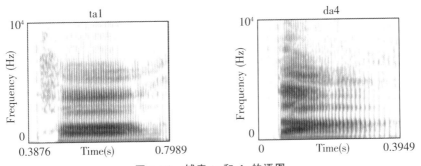

图 7.20　辅音 ta 和 da 的语图

从语图上看，声母 t 的爆破段起始是一个冲直条，送气段是非周期波形，表现为乱纹。受舌尖中清塞音的影响，韵母 a 的开头部分 F2 有下降。声母 d 的爆破段起始是一个冲直条，韵母 a 的 F2 起始段指向 1800Hz 左右，然后迅速过渡到稳定段，具体体现为 F1 微升，F2 微降。F1 约为 900Hz，F2 约为 1300Hz，F3 在 3600Hz 附近。见图 7.20。

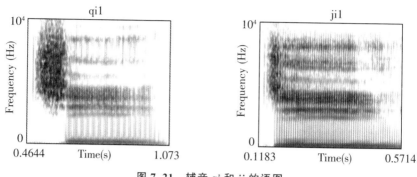

图 7.21 辅音 qi 和 ji 的语图

从语图上看，声母 q 的爆破体现为一个冲直条，摩擦段在高频区有乱纹，塞擦音的乱纹和送气部分重叠在一起，无法分出来，但从音长可以看出送气的存在。韵腹 i 贯穿整个音节。声母 j 的爆破体现为一个冲直条，和 q 基本相同，能量集中在高频区，和摩擦段相当。摩擦表现为高频区乱纹，从时长上看，明显比 q 的乱纹段要短很多。韵腹 i 的 F1 较低，F2 和 F3 较高，并相互靠近。见图 7.21。

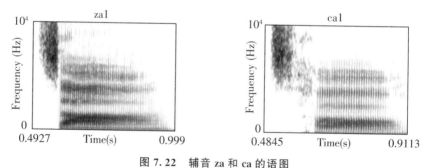

图 7.22 辅音 za 和 ca 的语图

从语图上看，声母 z 的爆破段起始的冲直条不太明显，摩擦段表现为乱纹，集中在高频区，能量较强。韵母 a 的 F2 有明显的音轨，稳定段较长，持续到最后。声母 c 的爆破段是冲直条，能量较弱，摩擦段表现为高频区乱纹。乱纹分为两段，前面高频的乱纹是擦音部分，后面的乱纹是送气部分。韵腹 a 相对稳定，低频处可以看到基频的能量。见图 7.22。

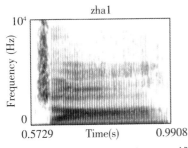
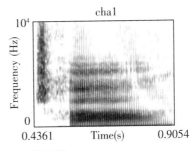

图 7.23 辅音 zha 和 cha 的语图

从语图上看,声母 zh 的爆破段起始是一个冲直条,摩擦表现为高频区乱纹。韵腹 a 的过渡段中 F2 下降,F3 上升,并迅速过渡到元音的稳定段。声母 ch 爆破段起始是一个冲直条,摩擦表现为高频区乱纹,但频率中心比 c 要低,随后是送气的乱纹,其频率范围较广,送气短接共振峰有强频带。韵腹 a 相对稳定。见图 7.23。

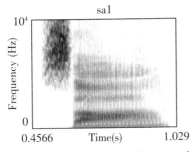
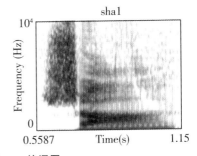

图 7.24 辅音 sa 和 sha 的语图

从语图上看,声母 s 在高频区域的乱纹比较明显,韵腹段共振峰比较稳定。声母 sh 的摩擦表现为高频区乱纹,和 sa 相比乱纹的频率下限要低很多。这两个音节都有过渡音征。韵腹 a 的开头部分 F1 上升,F2 下降。见图 7.24。

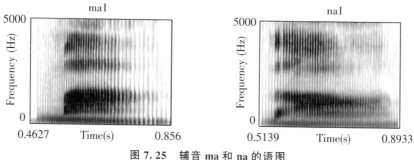

图 7.25 辅音 ma 和 na 的语图

从语图上看,声母 m 显示出基频横杠,鼻音共振峰与韵腹 a 的共振峰分界明确,形成断层。韵腹 a 比较平稳,但可以看出这个音节有明显的鼻化。声母 n 是浊辅音,有鼻音共振峰,能量弱并集中在低频处,F1 在 250－300Hz,F2 和 F3 能量稍弱,但可以看出,韵腹 a 有明显的鼻化现象。见图 7.25。

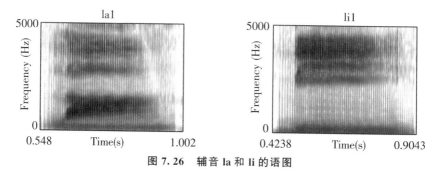

图 7.26 辅音 la 和 li 的语图

从语图上看,la 的辅音表现为较短的浊音段,F2 和 F3 也都较明显,说明能量较强,但长度很短。韵腹 a 的 F2 有过渡音征,韵腹相对稳定。语图的底部可以明显看到基频的能量。li 的辅音表现为基频横杠,但 F2 和 F3 不明显,说明能量较弱。共振峰迅速过渡到韵腹 i,F1 基本不变,F2 和 F3 上升。见图 7.26。

7.3 辅音的声学性质

根据声学分析得知,辅音频谱能量最高的是 s 音,它的中心频率是在 6000Hz 左右,上限至少要到 8000Hz。这样,在对辅音进行声学分析的时候,它的带宽应该是在 10k 这样一个范围,也就是说采样频率在 20000Hz 就可以保证不丢掉任何辅音的信息。辅音可以从发音方法上分类,另外还可以从发音部位上进行分类。语图上辅音的特征类型主要是对应了发音方法,而发音部位体现的是频率范围的不同。

辅音的第一个声学特征是冲直条。冲直条在信号上是一个脉冲,在语图上体现为突然有能量爆破,它所对应的是塞音除阻的一瞬间,这个爆破一般在 10 毫秒左右。在频率域,冲直条根据发音部位的不同有所差异,这个能量并不完全是均匀的,它在接近共鸣的地方,或者说辅音音轨或后接共振峰的位置,能量相对来说要强一些。但整体来说它就是一个爆破,也就是一个能量的突然爆发。

辅音的第二个声学特征是乱纹。乱纹在信号上是噪声,但语音的噪声不是简单的白噪声。白噪声的频谱是全频的,但语音的擦音根据发音部位的不同,在频谱上有各自的能量分布,通常用频谱下限和中心频率来描写。

辅音的第三个声学特征是音轨(locus)。音轨在早期的研究中也称为音轴,它是指一个特定塞音的发音部位会有一个能量较强的共鸣点,后接元音的 F2 会从这个点过渡到不同元音 F2 的稳定位置。这条连接塞音共鸣点到元音稳定位置的 F2 曲线,就是这个塞音的音轨(Delattre et al,1955)。见图 7.27。

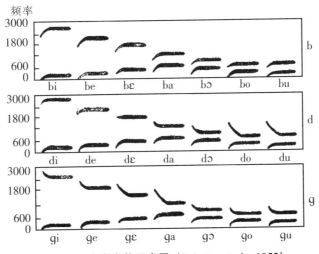

图 7.27 塞音音轨示意图(Delattre et al,1955)

从图 7.27（上）可以看到，虽然元音的第二共振峰不同，但由于塞音都是 b，后接元音的第二共振峰都指向 800Hz。图 7.27（中）是塞音 d 的音轨示意图，d 是舌尖齿龈音，因此元音第二共振峰都指向 1800Hz。图 7.27（下）是塞音 g 的音轨示意图，g 是舌根音，因此元音第二共振峰都指向 3500Hz。音轨的变化对塞音的感知非常重要。为了精确量化音轨，最早由 Lindblom（1963）提出了音轨方程的概念，后来由 Sussman 等人进行了论证和计算。它指在特定辅音后接不同单元音的条件下，以元音中间点的 F2 为自变量，以元音 F2 过渡段的起点值为因变量进行线性回归，得到的回归方程就是音轨方程（Sussman et al，1991）。

音轨方程：F2onset＝k×F2vowel＋c （k 和 c 是常数）
方程的系数 k 可以表征塞音的发音部位，也可以反映辅音和元音的协同发音程度。

辅音的第四个声学特征是强频带。在很多情况下，频谱中或下限以下还会有强频带。强频带到了元音段是第二或三共振峰。强频带和擦音的感知有密切的关系，在擦音的参数合成中非常重要。

辅音的第五个声学特征是浊音横杠。浊音横杠是在低频处的能量分布，这个能量所反映的是在发浊辅音之前声带的振动。众所周知，辅音前浊段的频率范围不大，不会超过 500Hz，因此其能量主要分布在低频区。

辅音的第六个声学特征是共振峰。通常共振峰主要是元音的特性，但是在辅音里边也有共振峰，主要出现在浊鼻音和浊边音中，是由于声带的振动，在声学上形成了共振峰。

辅音的第七个声学特征是无声段。无声段有时能体现辅音的性质，如虽然成阻段没有能量，但其时长确实是塞音的一部分。塞音的持阻段很容易从连续的语流中分离出来。

辅音的第八个声学特征是反共鸣。反共鸣在语图上看不出来，但可以通过其他信号处理的方法计算出来，如用连续的对数谱线条就可以体现出来。

辅音的第九个声学特征是 VOT，是指从塞音爆破到声带振动起始的时间。VOT 对大部分清塞音来说数值是零,对清送气塞音和塞擦音来说是正值,对大部分浊塞音来说为负值。

整体来说,这九种声学特征是辅音的基本声学特征,组合起来构成各种各样的辅音。对这些特征进行声学参数的提取和描写是实验语音学研究必不可少的基础知识。下一节将讨论这些声学参数的提取。

7.4 辅音参数的提取

这一节主要介绍辅音参数的提取。以上九种辅音的声学特征归纳起来有以下几个方面:1)塞音冲直条的时长、频谱特征和振幅;2)擦音的中心频率和频率范围;3)强频带、音轨、鼻音共振峰、边音共振峰、浊音横杠;4)VOT 的时长和无声段时长。

塞音的声学参数包括爆破脉冲和体现在元音段的过渡音征,这里介绍一下冲直条参数的提取。冲直条的参数包括时长、频谱特征和振幅三个方面。一般商用程序提取振幅的功能是不能用来提取冲直条的时长、频谱特征和振幅的,因为有窗宽的问题。图 7.28 为塞音 /d/ 的时域波形、频谱、能量和振幅,原始信号幅度被归一化在 1 和 -1 之间。

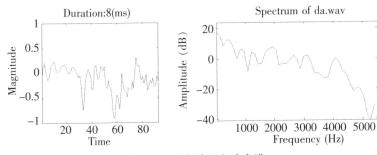

图 7.28 塞音波形和功率谱

提取冲直条时长最简单的方法是利用两个光标手动选取,见图 7.28(左),这个塞音冲直条的时长为 8 毫秒。在确定了冲直条的时长以后,就可以提取冲直条的频谱特征了。具体的方法是:1)根据塞音爆破脉冲的时长取脉冲信号;2)将信号后面补零至快速傅里叶变换的长度；3）进行频谱变换；4）根据实际情况和研究的需要，从频谱上测出共振点峰值和频谱范围。见图 7.28（右）。从图中可以看出塞音冲直条的频谱特征是越往高频能量越小，逐步衰减，频谱最高为 20 分贝。

在得到了塞音脉冲的精确时长后，可对时域波形做能量的变换，即每个点做平方，这样声压就都变成了正值，而且数值较大，见图 7.29（左）。对能量取对数就可以得到塞音的振幅，见图 7.29（右）。从图中可以看出能量的数值很大，但振幅只有大约 20 分贝。手动的方法带有人为性，如果自动去提取，可以从冲直条的能量信号上检测出时长。最简单的方法是确定一个阈限，根据阈限测出时长。

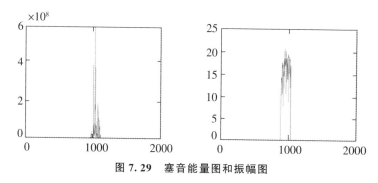

图 7.29　塞音能量图和振幅图

在声学语音学研究中，常用频率下限和中心频率来定义和描写擦音的性质。擦音的频率下限和中心频率的提取可分为以下几个步骤：1）选取擦音信号，一定要全选，只选一部分的话会影响整体特性；2）对这一段信号做对数谱分析，这样得到的谱包络比较平滑；3）从平滑的谱包络上测出频率范围。频率范围有两种测法：一是用尺度法，即从最大值向下按一定的百分比来确定；另一种是用微分法，即对谱包络做微分，微分的最大正值和负值为频谱的范围。中心频率的确定方法也有两种：一是取最大值作为中心频率值，另一种方法是取中间值作为中心频率。图 7.30 是汉语普通话 sha 的频谱图，左图是功率谱和对数谱，右图是线性预测包络。可以看出频率下限在 2000 Hz，中心频率在接近 4000 Hz 的地方，最大值在 2200 Hz。

在信号处理中，提取擦音摩擦部分的时长比较容易，直接从振幅曲线上提取即可，由于擦音较长，因此可以忽略窗宽的问题。

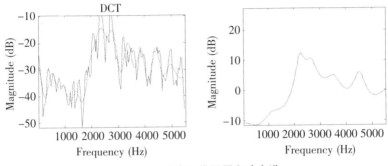

图 7.30 擦音三维语图和功率谱

塞擦音和擦音的乱纹频谱下限在低于音轨时会出现强频带，这种强频带实际上是第二共振峰在擦音中的前向延续，对擦音的感知很重要。提取的方法和元音共振峰的提取方法相同，一般要提取其共振峰频率和带宽两种参数。这两种参数和第二共振峰结合起来可以研究塞音的音轨和感知。图 7.31 是汉语普通话 ch 的二维线性预测（LPC）语图，从图中可以看出，2000 Hz 以下有一个强频带，频率下限大概在 3000 Hz，3000 Hz 以上还有一个峰值，也是一个强频带。擦音的中心频率大概在 4000 Hz。

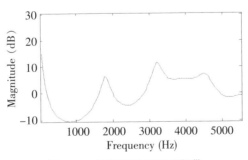

图 7.31 塞擦音波形和强频带

音轨、鼻音共振峰、边音共振峰和浊音横杠也可以用线性预测来提取，最终提取的参数也是共振峰频率和带宽。带宽越大共振峰越弱，带宽越小共振峰越强。具体步骤是：取一段信号进行线性预测，得到线性预测的数据矩阵，对数据解方程得到表示极点的根，然后算出角频率，最终从单位圆中的角度计算出共振峰频率和带宽。另外，共振峰频率和带宽也可以用对数谱来提取，具体步骤是：用傅里叶变换计算一段信号，得到一组傅里叶系数；对傅里叶系数取对数后进行反变换（通常用余弦变换），得到语音的倒谱；然后，去掉声源信息，再从倒谱变换到频率域，得到平滑的语音频谱包络；最后从语音频谱包络上检测出共振峰的频率和带宽。

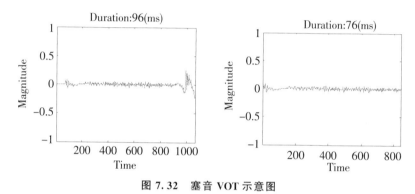

图 7.32　塞音 VOT 示意图

在研究辅音的声学特性时，VOT 是一项重要的参数。根据定义，VOT 可以有正值、零和负值。VOT 参数的提取相对简单，从波形上用光标选定爆破脉冲到后接元音声带振动的时间和前浊段到爆破脉冲的时间即可。但如果要自动提取，就要自己写程序，因为目前常用的商用软件都还没有自动提取 VOT 的功能。

图 7.32 是汉语普通话声母 p 的时域波形。从左图可以看出，从零声压到第一个声带振动开始，这个波形的时间为 96 毫秒。从中可以看出，塞音的爆破点到声带开始振动有很长一段时间，因为汉语普通话 p 是清送气双唇塞音，在冲直条后的时域波形上可以看出送气成份，体现为摩擦音。右图是利用光标提取出的一段时域波形，是从双唇爆破到第一个声带振动开始，这一段时间是 76 毫秒，这个时长就是 VOT 的时长。

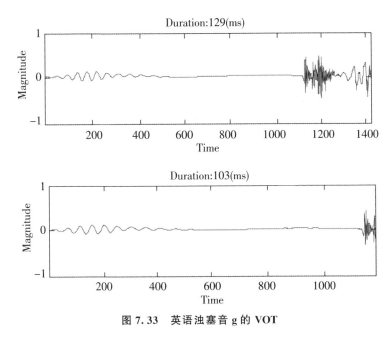

图 7.33 英语浊塞音 g 的 VOT

图 7.33 是英语 guy 的第一个辅音的时域波形。从上图可以看出,从零声压到第一个声带振动开始,这个波形的时间为 129 毫秒。从中可以看出,声带前浊段振动到塞音的爆破点有很长一段时间,因为英语的 g 辅音是舌根浊塞音,前浊段的振动体现为越来越弱。下图是利用光标提取出的一段时域波形,其时长是 103 毫秒,这个时长就是 VOT 的时长。与汉语普通话 p 的 VOT 不同,这个 VOT 的数值是负数,因为它是在塞音除阻前的声带振动。测量辅音无声段时长的方法和测量 VOT 时长的方法相同。

随着声学语音学研究的深入,辅音参数的提取显得越来越重要。特别是在语音参数的辅音合成和辅音感知研究中,只有精确地提取到辅音的参数,才能合成出高自然度的辅音,这对辅音感知的研究必不可少,有重要的理论意义。

第 八 章　语言发声类型

章节简介：

本章主要介绍：1）谐波分析；2）逆滤波分析；3）频谱倾斜率分析；4）多维嗓音分析；5）声门阻抗分析；6）嗓音音域分析；7）嗓音分析方法的发展。本章的主要目的是让学习者掌握不同的嗓音发声类型分析方法。

8.1 谐波分析

在语言发声研究中，谐波分析是一种最简单易行的方法，也是最早被语音学研究人员使用的方法。说它简单是因为只要做简单的功率谱分析即可。因此在上个世纪 70 年代，美国 UCLA 的语音学家用此方法分析和研究了许多语言的发声类型，其中包括中国的一些民族语言。中国的语音学者也用此方法进行了大量的研究。(Ladefoged，1973，1988；Laver，1980；Ladefoged et al，1987a，1987b；Kirk et al，1984；Therapan，1987；Anthony，1987；Maddieson et al，1985；鲍怀翘、周植志，1990；鲍怀翘、吕士楠，1992；孔江平，2001)

谐波分析法在声学原理上的根据是声源能量谱的特性，即声源谱高频能量强会导致第二或第三谐波的能量大于第一谐波的能量。谐波分析法具体来说就是测量谐波的最大值。见图 8.1 和 8.2。从图 8.1 可以看出其声源谱下降得很快，在时域声源波形和声带振动上体现为声门打开的时间较长,有较大漏气,这导致声源能量下降得很快,在谐波上体现为第一谐波大于第二谐波以上的谐波。从图 8.2 可以看出其声源谱高频能量强,谱下降得很慢,在生理和声源时域波形上体现为声带关闭得很快,漏气较少,高频能量很强,在谐波上体现为第二谐波大于第一谐波。根据这一原理,就可以通过测量第一、二谐波的能量来判断嗓音发声类型的不同。一般是使用第一、二谐波之比的方法,或者用第一谐波减第二谐波的差值来描写语言发声类型的差异。

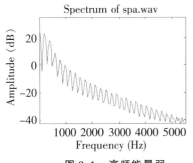

图 8.1 高频能量弱

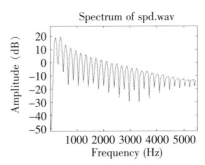

图 8.2 高频能量强

谐波法的优点是简便易行。但这种方法也存在缺点,其中最主要的缺点是在测量数据时,共振峰对谐波能量会有影响。因此,有经验的语音学家在使用此方法时,往往选择/a//e/这样的元音作为分析的样本,这是因为/a//e/的第一共振峰比较高,因而对第一、二谐波的能量影响比较小或者没有影响。另外,也会选择基频比较小的元音,因为基频数值小,谐波比较低,距离共振峰较远,不容易受到共振峰的影响,这样就可以得到比较稳定和有规律的数据。如果使用了/i//y//u/作为测试样本,第一共振峰比较低,基频的能量和第一共振峰的能量会重叠,因而就得不到真实的嗓音数据。

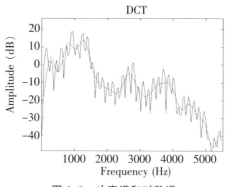

图 8.3 功率谱和对数谱

此外,还可以通过研究方法来解决其不足,研究人员往往会使用第一或第二谐波的能量和第二共振峰的能量之比来判断嗓音的发声类型,因为嗓音高频能量强的共振峰能量也会强,也能体现语言发声类型的差异。见图 8.3。这种补救的方法在通常情况下对分析语言的不同发声类型会很有效。但是在语言发声类型的研究中,以不同发声类型作为最小对立时,声道的形状不一定完全相同,往往会有一定的差别,这就使得要研究的嗓音发声的最小对立元音的共振峰不同,从而影响到数据的测量,导致数据的误差,在这种情况下往往要考虑其他的研究方法。

为了得到真实的谐波数据,在信号处理上可以有很多方法进行调节,比如,提高 FFT 计算的精度(11025 采样频率用 512 或 1024 点计算);如果信号有较长的稳定段,可多选一些信号作为分析样本等。这些方法都可以得到真实的数据。在一个音节中多做几个断面就可以研究动态的嗓音发声类型。

8.2 逆滤波分析

在语言发声研究中,逆滤波是一种从语音中提取嗓音声源的方法,这种方法在言语工程上使用得较多。图 8.4 是言语产生和逆滤波的原理示意图,分为上中下三张图。上图是言语产生的原理,声源用线谱来表示,共鸣用滤波器来表示,唇辐射和语音输出用线谱图加共振峰包络图来表示。中图为逆滤波的原理,一段语音经过逆滤波得到声源，逆滤波是将原共鸣特性反过来设计滤波器，这样就可以将语音中的共鸣去掉，最终得到声源（Alku P，1991；Lindestad P-A，et al.，1999；方特 G.、高奋 J.，1994）。

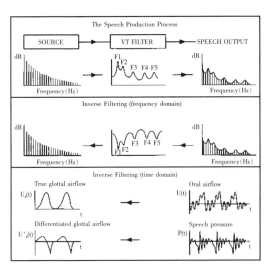

图 8.4　言语产生和逆滤波原理示意图（Hardcastle et al，1997）

下图为声源和语音的关系，这一部分对于理解逆滤波最为重要。我们通过发声的生理研究知道，肺部气流冲破关闭的声带使声带振动产生声源，气流冲开声带形成的空隙称为声门，单位时间内通过这个空隙的气流为声门气流，一般用体积流速度表示。从下图的上半部分可以看到，如果对口腔气流进行逆滤波，得到的是声门气流。口腔气流一般是通过口腔面罩或气流计采集，声门气流通常情况下很难直接采集，因为很难将采集器放到声带（声门）的上方。声门气流除了从口腔气流中逆滤波得到以外，还可以从声门面积推算出来。根据目前的技术，采集声门面积要用高速数字成像和图像处理的技术（Kong，2007）。下图下半部分是从声压（语音）经过逆滤波得到声源，这个声源的形式是声门气流的微分。从中可以看出，口腔气流的微分形式基本就是声压。在发声的研究中，通常很少用口腔气流经逆滤波得到声源信号，一般都是对声压进行逆滤波获取声源。

下面讨论一下从声压逆滤波获取声源的基本方法、过程和存在的问题。要进行逆滤波，首先要提取声道共鸣的特性，在现代信号处理技术中一般使用自回归模型（Autoregressive model，简称 AR 模型），具体来讲就是线性预测（LPC）。以下公式定义了言语产生的基本时间离散模型，其中 s(n) 为言语信号，u(n) 为激励源，G 为增益，k {a_k} 为滤波器系数，k 为信号的延时。

$$s(n)=\sum_{k=1}^{p}a_k s(n-k)+Gu(n) \qquad 公式\ 8.1$$

从上面的公式可以看出，逆滤波首先是对一段语音信号进行线性预测，计算出线性预测系数。线性预测系数代表的就是共鸣特性，将得到的系数直接用于逆滤波就能得到声源。

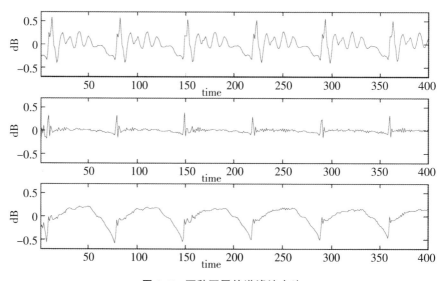

图 8.5　两种不同的逆滤波方法

图 8.5 显示了两种不同的线性预测逆滤波方法。图上为语音 /a/ 的波形。图中为直接使用线性预测系数逆滤波后的结果，在言语工程上通常使用这种方法，称为语音的残差信号，对其进行积分可以得到声门气流的波形。图下为另外一种逆滤波的方法，这种方法是首先将语音信号进行预加重（pre-emphasis）处理，然后提取

出线性预测系数，将提取出的线性预测系数对未进行预加重的语音信号进行逆滤波，得到的就是图下的信号。这种声源信号通常用于语音学和言语产生理论的研究，这是因为利用这种微分的声源信号能够更好地解释语音声源的物理意义和语言学意义。例如，著名的LF模型（Fant, et al, 1985）和Klatt88串并联共振峰参数合成器都是利用声门气流的微分形式来建立模型的。

虽然线性预测逆滤波有算法简单、快捷等优点，在工程上也广泛使用，但在语音声源的研究方面，它也存在许多缺点，至今不能很好地解决。这是因为线性预测是全极点（共鸣）模型，因此无法很好地提取出语音中的零点（反共鸣），而人的言语产生系统中始终都存在零点。首先，由于人的鼻腔和口腔同时参加共鸣时会出现耦合现象，因此产生了零点（Dang, J. & K. Honda, et al, 1994）；第二，由于咽腔底部梨状窝的存在，发音时也会导致出现零点（Dang, J. & K. Honda, 1997）；第三，声门下气管在声门打开时同样会产生耦合，以致产生零点；第四，发元音时牙齿间能产生声道的分支，导致声道耦合形成零点。这四个方面都影响逆滤波的精度和效果。因此，在通常的研究中，可以通过选择元音，特别是/a/元音的办法避开由于鼻音导致逆滤波不精确的问题，但总不是解决问题的根本办法。要想根本解决逆滤波中零点的问题，就必须提取零点，将其加入到逆滤波参数中。

逆滤波还可以用滤波器组的方法。这种方法通过改进界面的友好性，可以加入人为干涉的功能，通过人工干预极点和零点的参数，达到理想的逆滤波效果。一个简单的方法就是将Klatt88串并联共振峰参数合成器反过来写，就是一个很好的零极点的逆滤波器。

8.3 频谱倾斜率分析

人类言语嗓音的基本特性是每个倍频程下降12分贝。由于发音人、性别和语言不同，这个数字会发生变化。如果一种语言中有不同的发声类型，嗓音的频谱倾斜率就会有较大的差别，这为我们研究嗓音发声类型提供了实证测量和研究的可能。但言语声波是通过共鸣以后发出来的，因此加入了声道的共鸣特性。如果要测量嗓音的频谱倾斜率，首先就要对语音进行逆滤波，在去掉了语音的共鸣特性后，才可以对信号进行频谱倾斜率的测量，这就是语音分析前的预处理。在前面逆滤波一节中讲过，语音常常有零点存在，如果语音处理不能将所有的零点都去掉，可能会影响到最终的测量结果。但从某种意义上讲，如果使用一种相同的逆滤波的方法，即使有部分零点没有去掉，只要条件相同，就不会对结果有很大影响。

频谱倾斜率分析方法的具体做法是：1）对原始的语音信号进行逆滤波，提取出声源信号。逆滤波的方法可以使用提取语音残差的方法，也可以使用提取声门气流微分形式的方法，但这两种方法对后面提取的参数会有很大的影响，大致会有每个倍频程6分贝的差别，前者的频谱倾斜率要小，后者的频谱倾斜率要大；2）对逆滤波后的信号分帧计算功率谱，然后对每一帧的功率谱作局部最大值检测；3）使用多项式拟合的方法对检测出的局部最大值进行曲线拟合，通常情况下使用二次多项式拟合；4）根据拟合出的曲线计算出嗓音每个倍频程下降的分贝数，作为最终的结果，单位是每个倍频程下降多少分贝（－dB/oct）。

图8.6是语音的普通功率谱，图8.7是频谱倾斜率示意图。可以看出，图8.7中的频谱下倾很平滑，这是因为经过了逆滤波，去掉了共振峰。小的圆圈是自动检测出的局部最大值，平滑线是根据局部最大值得到的二次多项式拟合后的曲线，图上方的参数分别是二次多项式曲线的截距、斜率、曲率和频谱倾斜率（－dB/oct）（谱倾斜：－14.3561 dB/oct，para：2.4515e－006，－0.3584，1.4756）。

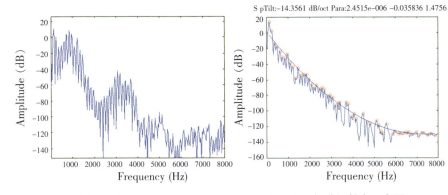

图 8.6 普通语音功率谱　　　　图 8.7 频谱倾斜率示意图

频谱倾斜率分析的方法可以用在许多方面，主要包括：1）对一种语言的频谱特性进行定量分析，以便在通信等领域中作为这种语言的基本参考；2）对一种语言不同发声类型的持续元音进行嗓音特性的定量分析；3）对病变嗓音的不同类型进行性质的描写；4）对有语言学意义的发声类型进行分析和感知方面的研究；5）为语言韵律研究和韵律的建模提供基础数据；6）作为嗓音合成的基本参数。总之，嗓音频谱倾斜率（频谱下倾）在嗓音发声类型研究中是一种重要的方法。

8.4 多维嗓音分析

多维嗓音分析最早是从嗓音病理领域发展出来的一种通过声音检测嗓音质量、发声类型和诊断嗓音病变的声学方法。在国际上，特别是在欧美等发达国家，医院里常常用此方法对嗓音患者进行初步诊断，并以检测的数据和图表作为嗓音的病历。

多维嗓音分析主要分信号录音、算法和参数三个方面。第一是录音，多维嗓音分析要求录音必须是二至三秒钟的持续元音，而且需要 44k－48k 的采样频率。另外，根据我们的实践，声门阻抗信号也可以用于多维嗓音的分析，但需要进行一些预处理，最好是用声门阻抗信号的微分形式。第二是算法,多维嗓音分析的算法很多[①],这里我们介绍两个最重要也是最有特色的算法:"绝对频率抖动"和"频率抖动百分比"。

绝对频率抖动将一段浊音音调周期之间的变化定义为:

$$\text{Jita} = \frac{1}{N-1} \sum_{i=1}^{N-1} | T_0^{(i)} - T_0^{(i+1)} | \qquad 公式\ 8.2$$

其中,$T_0^{(i)}$ 的 i=1,2,3,……N 是提取的音调周期参数,N 等于提取的音调周期的个数。

频率抖动百分比将一段浊音音调周期之间的相对变化定义为:

$$\text{Jitt} = \frac{\frac{1}{N-1} \sum_{i=1}^{N-1} | T_0^{(i)} - T_0^{(i+1)} |}{\frac{1}{N} \sum_{i=1}^{N} T_0^{(i)}} \qquad 公式\ 8.3$$

其中,$T_0^{(i)}$ 的 i=1,2,3,……N 是提取的音调周期参数,N 等于提取的音调周期的个数。

常用的多维嗓音分析参数有六大类 33 项。第一类是"基音基础参数",包括:1)平均基频(Fo. Hz);2)平均音调周期(To. Ms);3)最高基频(Fhi. Hz);4)最低基频(Flo. Hz);5)F0 标准偏差(STD. Hz);6)基频半音范围(PFR)。第二类是"频率抖动参数",包括:7)F0 抖动频率(Fftr. Hz);8)振幅抖动频率(Fatr. Hz);9)分析样本时长(Tsam. s);10)绝对频率抖动(Jita. Us);11)频率抖动百分比(Jitt. %);12)相对平均扰动(RAP. %);13)音调扰动商(PPQ. %);14)平滑音调扰动商(sPPQ. %);15)基频变化率(vFo. %)。第三类是"振幅抖动参数",包括:16)振幅抖动(ShdB. dB);17)振幅抖动百分比(ShimdB. %);18)振幅扰动商(APQ. %);19)平滑振幅扰动商(sAPQ. %);20)振幅变化率(vAm. %)。第四类是"嗓音指数",

---

[①] 见美国 Kay 公司多维嗓音分析软件的使用手册。

包括：21）清浊率（NHR）；22）噪音骚动（VTI）；23）软发声指数（SPI）；24）F0抖动强度指数（FTRI.%）；25）振幅抖动强度指数（TRI.%）。第五类是"噪音清化参数"，包括：26）噪音破裂级（DVB）；27）次和谐级（DSH）；28）清声级（DUV）；29）噪音破裂数（NVB）；30）次和谐音段数（NSH）；31）非浊音段数（NUV）。第六类是"基本参数"，包括：32）计算音段数（SEG）；33）总测定音调周期（PER）。见图8.8和8.9。图8.8是一个正常嗓音的图形表示，图8.9是一个气嗓音的图形表示。

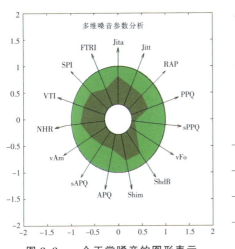

图 8.8　一个正常嗓音的图形表示

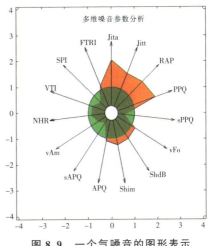

图 8.9　一个气嗓音的图形表示

从以上的数据可以看出，多维嗓音分析是一种从声学的角度描写个人嗓音特性、区分嗓音性别、鉴定嗓音声纹、量化不同语言嗓音和诊断嗓音病变的有效方法。虽然多维嗓音的有些算法还需要改进，但大部分的算法都是公认的已经很稳定的算法。我们在区分汉语、藏语、蒙语和彝语四种语言的嗓音特性中已经有了很好的应用（孔江平，2001；Shen & Kong，1998；Hall & Yairi，1992；Horii，1985）。多维嗓音分析有很多用途，不仅能对语言进行分析，还能对不同声乐形式的嗓音类型进行研究。

8.5 声门阻抗分析

声门阻抗信号是通过声门仪(laryngography,通常称"喉头仪")采集的涉及声门变化的生理电信号,也称作"电声门信号"(signal of electroglottograph)。声门仪最早是由英国伦敦大学的佛森教授发明和研制的。众所周知,直到目前,人们从语音信号中提取声源信号还有很多困难,因此在研究语音的声源方面还存在许多障碍。声门仪的出现在很大程度上推动了嗓音声源的研究,特别是言语嗓音生理和嗓音病理的研究及诊断的研究。

声门阻抗信号的出现,给研究者开辟了一个新的领域,使人们对声门的变化、声带的振动方式与嗓音声源的关系的研究有了很大的进展,对语言的发声类型有了更好的认识。在语音学研究方面,从声门阻抗信号中提取出来的参数可以很好地用来描写不同语言的发声类型,因而被语音学家广泛使用。从声门阻抗信号中可以提取出许多参数用于嗓音发声的描写、研究和建模。其中有三个参数最为重要,它们是:1)基频,2)开商,3)速度商。基频、开商和速度商不仅可以从声门阻抗信号中提取出来,从语音声源信号的积分形式中也能提取出来。方特(Fant)教授著名的 LF 嗓音模型中使用的开商和速度商就是从语音信号中提取出来的[1]。

从言语信号的物理意义上讲,基频是周期的倒数,这个比较清楚。开商是指声门打开相比整个周期,同样的物理意义,我们也可以用接触商来表示,只是数据不同[2]。速度商是指声门的正在打开相比声门的正在关闭相。

---

[1] 这几年有很多同行问我关于开商和速度商的定义,大家觉得有些文献上讲得有出入,不是很清楚,主要的问题就是因为这两个定义不仅用在声源信号上,而且用在了声门阻抗信号上,因而产生了一点混淆。

[2] 见 Kay 公司的 EGG 相关分析软件。

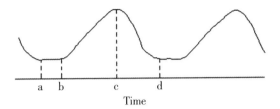

图 8.10　声源信号的基频、开商和速度商的基本定义

图 8.10 为从语音信号中提取出来的嗓音信号的积分形式，通常情况下其波形的峰值是右倾的。图中 ad 为周期，ab 为闭相，bd 为开相，bc 为声门正在打开相，cd 为声门正在关闭相。基频、开商和速度商可以用以下公式来定义：

基频＝1/周期（ad）

开商＝开相（bd）/周期（ad）×100％

速度商＝声门正在打开相（bc）/声门正在关闭相（cd）×100％

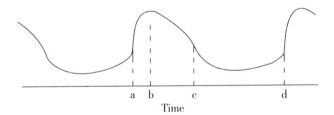

图 8.11　声门阻抗信号的基频、开商和速度商的基本定义

图 8.11 为语音声门阻抗信号的积分形式，也是原始形式，通常情况下其波形的峰值是左倾的。图中 ad 为周期，ac 为闭相，cd 为开相，bc 为声门正在打开相，ab 为声门正在关闭相。基频、开商和速度商可以用以下公式来定义：

基频＝1/周期（ad）

开商＝开相（cd）/周期（ad）×100％

速度商＝声门正在打开相（bc）/声门正在关闭相（ab）×100％

基频、开商和速度商可以用来描写和定义不同的发声类型。在语言发声类型的研究方面，这些定义可以用来描写汉语声调的嗓音发声模型、民族语言中元音的发声类型、汉语韵律研究的嗓音模型、病变嗓音的性质、声纹鉴定、声乐研究中的不同唱法和唱腔等。这里只是简单介绍一下,给出这些定义的嗓音区别性特征和声学发声图。

表8.1 发声类型特征表

	气泡音	气嗓音	紧喉音	正常音	高音调嗓音
音调	1	2	3	4	5
速度商	4	1	5	3	2
开商	5	4	1	3	2
音调抖动	4	5	2	1	3

表8.1是发声类型特征表,列出五种发声类型及嗓音参数的数值,参数根据基频参数的大小排序。从数据的矩阵中可以看出,这五种发声类型可以完全区分开来。因此,根据这一性质,我们可以将其转换为区别性特征来描写语言的不同发声类型。表8.2中的五种发声类型能涵盖大部分语言的发声类型现象。

表8.2 发声类型区别特征表

	气泡音	气嗓音	紧喉音	正常音	高音调嗓音
音调	−	−	−	+−	+
速度商	+	−	+	+−	−
开商	+	+	−	+−	−
音调抖动	+	+	−	+−	+

表8.2是五种语言发声类型及其参数的区别性特征表,特征符号"+"和"−"是根据正常嗓音的参数来区分的,即,正常嗓音定义为"+−",大于正常嗓音的参数定义为"+",而小于正常嗓音的参数定义为"−"。如紧喉音可以描写为:音调"−",速度商

"+",开商"-",音调抖动"+"。当然,根据嗓音的这些数据,还可以采用其他的方法来描写嗓音发声类型,建立更符合某种语言音位系统的区别性特征系统。

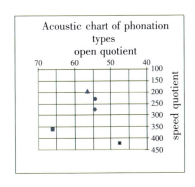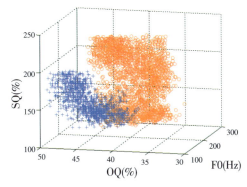

图 8.12 声学发声图

在语音学研究中,通常用声学元音图来描写元音的位置及其特性。根据嗓音的参数,我们提出用"声学发声图"(或者也可以称为"嗓音发声图")来描写语言嗓音发声类型的特性(孔江平,2001)。图 8.12(左)中横轴为开商,纵轴为速度商,根据这种体系和方法,图中菱形为正常嗓音,右下角的小方形表示紧喉音,左下角的大方形是气泡音,正常嗓音上边的圆形是高音调嗓音,三角形是气嗓音。我们也可加上基频,画出三维的声学发声图来,见图 8.12(右),图中的参数代表藏语说话和诵经的嗓音特性和分布。声学发声图不仅可以从声学信号中获取参数,也可以从声门阻抗信号中获取参数。如果参数是从生理信号中获得的,也可以称为"生理发声图"或者"生理嗓音图"。"生理发声图"与"声学发声图"的内容是有区别的,但描写语言嗓音发声类型的主导思想完全一致。

8.6 嗓音音域分析

研究和测定嗓音有很多方法,其中有一种算法很简单,而且非常有用,即嗓音音域分析法,这种方法主要是通过测定发音人的音域范围来确定一个人的嗓音特性。具体的方法是合成一个特定音阶（通常是钢琴键盘上的某个音）音高的声音，让发音人模仿其音高，同时发音人的发音从最弱变到最强。根据语音分段计算出基频和振幅（分贝），然后将其划在二维图上，其中 x 轴为基频，y 轴为振幅，颜色变化为频度。

图 8.13 和 8.14 是两个不同男声的音域示意图[①]。从第一张图的数据可以看出，这个男声的音域很宽，有将近四个八度，几十分贝的分布。从第二张图的数据可以看出，其音域较窄，不到三个八度，但分贝数值和第一个男声大致相同。很显然，利用这一方法可以很好地测定一个人的音域范围，了解其声带和嗓音的自然条件，在声乐考试和教学中都会很有用处。

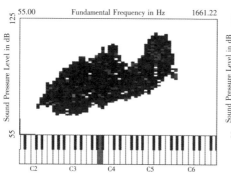 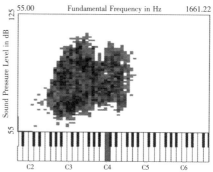

图 8.13　男声宽音域数据示意图　　图 8.14　男声窄音域数据示意图

对嗓音音域分析方法进行一些改进，就可以对一个人或一种语言的音域范围进行定性的描写、研究和建模。比如，对两种不同语言的大量语音样本进行计算，就能得到该语言的嗓音分布范围。我们知道，不同的语言在发声上有很大不同，这种差别体现了语言发声的特点。如果加上开商和速度商等参数就可以对嗓音进行建模，这种模型对语音参数合成十分有用。

---

① 图片取自 Kay3700 语音分析系统中的音域分析软件。

8.7 嗓音分析方法的发展

语言发声研究的进展始终伴随着嗓音生理和声学研究技术的发展，两者相辅相成，缺一不可。然而，在我们选择研究方法时，并不一定非要选择最复杂的研究方法，而是要根据研究对象和研究目的选择最适当的方法，这样才能得到最为有用和可靠的数据，从而揭示嗓音发声的内在规律，达到研究的目的。在我国，发声研究方法的进步促进了嗓音发声研究的发展。总的来说，这些研究方法可以应用在发声语音学、生理语音学、嗓音病理学、言语声学、声纹鉴定等相关领域。

在面向语言学的语音学领域，新的研究方法使我们可以发掘新的研究热点。例如，VAT 不仅可以用来研究嗓音发声的起始状态，而且可以用来研究辅音和嗓音发声生理的内在机制，从而解释语言历史音变生理制约的基本规律。又如，基于高速数字成像的动态声门研究，可以使我们有可能建立声带振动的生理模型，从而模拟语言嗓音发声类型的产生和基本的特性；也可以用来模拟病变嗓音的振动方式，制定嗓音病变手术的方案以及模拟术后的嗓音。另外，嗓音的生理模型的不断完善，将会大大推动基于仿生学的语音生理合成的完善和高质量的合成系统的建立，推动语言嗓音发声基础和应用研究的发展和进步。

第九章 韵律和情感

章节简介：

本章主要介绍：1) 韵律与情感；2) 呼吸与韵律；3) 基频与韵律；4) 发声与情感；5) 语音情感的复杂性。本章的主要目的是让学习者掌握韵律和语言情感研究的基本概念和方法。

9.1 韵律与情感

语言的韵律和情感在语音学研究中是非常复杂而又有密切关系的两个方面。在讨论韵律时，通常将注意力放在语言正常的语流研究上，如陈述句和疑问句的不同、焦点重音的语音性质、诗词韵文的特殊语调等。在讨论语言的情感时，通常将重点放在个人对语言表达的处理上，如喜怒哀乐的语音表达。但两者的界限有时很难划分，下面就韵律和情感的范畴简单做一些讨论。

任何语言在进行交流时都是整句连续讲的，因此，语音学的主要任务就是研究语言交际过程中语音的性质。由于语言交际的复杂性，在研究的初级阶段，总是把语音先分开进行基础研究。从类型学的角度看，世界上的语言有许多种类，语言类型的不同会体现在语音的表达上，如汉语是分析型语言，而维吾尔语和蒙古语是粘着型语言，这两种语言在构成语句时会有很大的差别。汉语是典型的声调语言，声调、焦点重音和句调共同构成了韵律的主体，既可以分开研究，又可以整体研究；而维吾尔语和蒙古语的基本词语重音、元音和谐、重音和句调是这两种语言韵律的基本内容。显然，这两者之间是有差别的。在汉语表达中常对某些词进行强调，即焦点重音，但并不是世界其他语言都用这种表达方式。汉语的古诗词是韵文，对平仄和押韵有很多严格的要求，如近体诗中的五言、七言绝句和律诗，这些韵文在语音表达上体现出了自己特有的韵律形式和类型。因此可以说，研究不同语言本身在语流中的特有形式和类型是韵律研究的范畴，它和语言的知识相关。

语言的情感基于语言的韵律，这是因为情感要通过一种语言自己特有的韵律形式和类型来表达。语言的韵律形式不同，表达方式也就不同。如，汉语的诗和词是两种不同的韵律形式，所表达的情感本身有很大差别。在汉语中，律诗是一种韵律形式，从另一个角度讲也是一种情感形式，在朗读中个人发挥的余地相对较少。词和诗在语音形式上有很大不同。虽然词有词牌的规定，在语音上也做了一定的限制，但在语音上发挥的余地要比律诗大。而散文在个人情感上发挥余地就更大，这是因为散文在语音上没有什么限制。

可以看出，韵律和情感有时很难划出一条明显的界限。通常将言语表达中留给个人发挥的部分划入情感的研究范畴。基于这样一个并不太精确的定义，就可以来讨论语音韵律的研究和情感的研究。有一点要明确强调：这里的情感是指语音的情感，并不是情感的全部，如语义情感等。

9.2 呼吸与韵律

呼吸是语音的动力来源，因此在研究言语的过程中，研究呼吸十分必要。目前，能够采集呼吸信号的设备和仪器主要是生理运动领域的设备。从使用方法上看，最简单的呼吸采集器是呼吸带，见图9.1。具体用法是将呼吸带捆绑在胸部或腹部。其原理是一个压电陶瓷信号采集器，当吸气时，呼吸带被拉长，通过力的转换挤压了压电陶瓷采集器，使其产生电流。信号采集器是一个特殊的数模转换装置，即声卡，但它和普通的声卡不同，因为呼吸采集器的电流很弱，普通的声卡无法采集到信号。呼吸带信号采集器通常都是多通道的,不仅可以采集呼吸信号,如胸呼吸信号和腹呼吸信号,也能采集语音信号和嗓音信号,做到信号的同步采集。同时,还可以调节采集信号电压的大小。

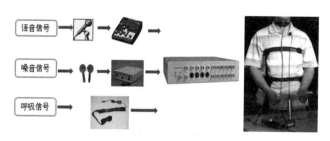

图 9.1 呼吸带

图 9.2 是自然呼吸信号的示意图,图上是胸呼吸,图下是腹呼吸。从这张图中可以看出,自然呼吸主要是腹呼吸,其信号周期均匀,信号本身接近正弦波和三角波。每个人的呼吸习惯会有较大的差别,有些人在自然呼吸时会同时用到胸呼吸和腹呼吸,也有些人主要用胸呼吸,这要根据具体人而定。

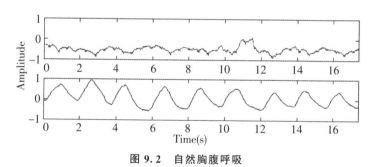

图 9.2 自然胸腹呼吸

图 9.3 是一段汉语普通话胸呼吸、腹呼吸和语音信号的典型样本。从图中可以看到,腹呼吸的呼吸重置非常快,其数值突然上升,达到最高点后开始慢慢下降,直至第二个呼吸重置。胸呼吸表现为在腹呼吸上升时突然下降,达到最低点后很快上升,并稳定在一个较高的水平上。可以看出,两个呼吸的形式并不相同和同步。对应语音信号看可以发现,腹呼吸主要在提供动力,而胸呼吸和发音有关。胸呼吸和发音的关系目前还不是很清楚,还需要深入地

研究。

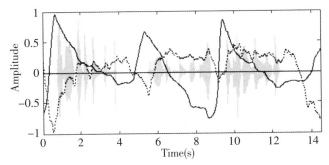

图 9.3 胸呼吸、腹呼吸和语音三种信号

根据上面的例子，可以对典型的呼吸信号进行定义，以便进行信号处理和参数提取。呼吸参数定义如图 9.4 所示，横轴是时间，纵轴是呼吸幅度，曲线上升表示吸气，曲线下降表示呼气。A、B、C 分别是吸气开始时间、呼气开始时间和呼气结束时间。吸气段时长 TI=AB，呼气段时长 TE= BC。AI 为吸气幅度，AE 为呼气幅度。吸气段斜率、呼气段斜率、吸气段面积和呼吸段面积可以通过以上定义求得。

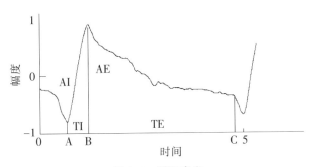

图 9.4 呼吸定义

根据对呼吸信号的定义，利用程序可以自动提取呼吸的参数，进行言语呼吸和韵律的研究，也可以进行其他声乐和口传文化的研究。下面通过汉语普通话不同文体风格的例子，来介绍一下利用呼吸对韵律进行的研究。

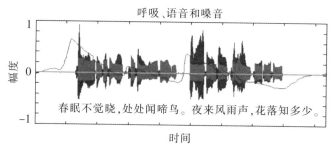

图 9.5　五言绝句腹呼吸

图 9.5 是一首五言绝句的呼吸、语音和嗓音信号，从信号中可以看出呼吸和语音及嗓音的关系。从图中的信号可以看出，五言绝句一共有四个呼吸重置，其中有两个大的呼吸重置和两个小的呼吸重置。经过大量的研究发现，任何一个人来朗诵五言绝句都会采用这种呼吸方式。众所周知，五言绝句是固定格式的韵文，因此这种一大带一小的模式是汉语五言绝句的固定格式和要求。

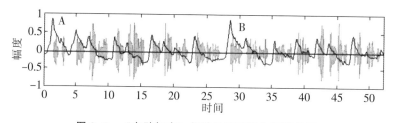

图 9.6　《赤壁怀古》朗读的腹呼吸和语音信号

图 9.6 是《赤壁怀古》朗读的腹呼吸和语音信号，从信号中可以看出，词《赤壁怀古》朗读的腹呼吸和语音信号中有两个特别大的呼吸重置 A 和 B，在此称之为一级呼吸。第一个一级呼吸中有四个小一些的呼吸重置，在此称之为二级呼吸。第一和第二个二级呼吸中各有一个三级呼吸，第三个二级呼吸中有两个三级呼吸，第四个二级呼吸中没有小的呼吸重置。第二个一级呼吸中有四个二级呼吸，第三个二级呼吸中有一个三级呼吸。相对于五言绝句来说，词的字数有多有少，句子的韵律格式显得有些复杂，没有五言绝句严格，这使得出现了较为复杂的呼吸重置组合。

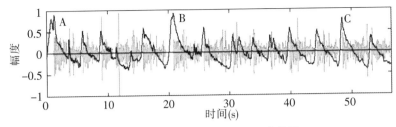

图 9.7 新闻朗读的腹呼吸和语音信号

图 9.7 是一段新闻朗读的腹呼吸和语音信号,从中可以看出,一共有三个一级呼吸 A、B 和 C。第一个一级呼吸中有三个二级呼吸,第二个一级呼吸中有三到五个二级呼吸。除此之外,还有若干三级呼吸。从图中可以看出,新闻的呼吸比五言绝句和词更为复杂。因为在新闻中,一个句子中字的多少很不固定,这使得人在朗读时对句子长度的预测更为困难,因此呼吸重置有更高的要求和更加随机的变化。

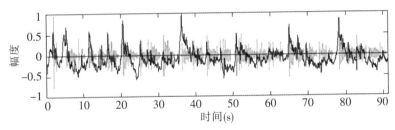

图 9.8 散文朗读的腹呼吸和语音信号

图 9.8 是一段散文朗读的腹呼吸和语音信号,从图中可以看出,呼吸重置更为复杂和多变,因为散文的文体要比诗、词和新闻更为宽泛和松散。散文的内容更为多样化,这主要取决于散文的作者。除了散文作者的文体风格外,朗读人对散文的理解也会体现在朗读中。实际上呼吸不仅体现了散文作者的风格,同时还包含了朗读人的风格。这就是为什么朗读同一篇散文,不同的人会体现出不同的呼吸重置组合。因此,可以通过呼吸来研究文体的风格和艺术家朗诵的风格。

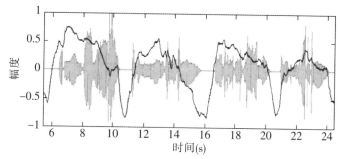

图 9.9 典型的胸呼吸模式与语音

呼吸会因为发音人的不同和内容的不同有所差异,特别是在口传文化中,如戏曲、诵经、原生态民歌等。但总的来说,胸呼吸和腹呼吸都有其典型形式。图 9.9 是言语胸呼吸典型的呼吸形式。有经验的播音员要依靠胸部扩张保存气体,因为播音员都知道,只有这样才能在文本长度不可测的情况下存有回旋的余地。如果胸呼吸和腹呼吸用同样的模式,在文本特别长的时候就会很被动,一旦断气就只能采用偷气来弥补,这是播音员要极力避免的。

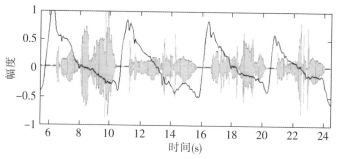

图 9.10 典型的腹呼吸模式与语音

图 9.10 是腹呼吸的常用模式,即呼吸节奏明确,和句子或短句对应,是言语的基本动力单位。由于腹呼吸的节奏明确,呼吸重置清晰,因此提取数据比较容易。目前汉语的研究大部分是从腹呼吸的信号中来提取参数进行研究。

9.3 基频与韵律

在韵律研究中,基频是最常用的一项参数,因为:1) 基频和句子韵律的关系十分密切；2）基频是比较容易提取的参数；3）基频在句子里十分稳定；4）基频和音高的感知密切相关。本节主要介绍利用基频研究句子韵律的基本方法。

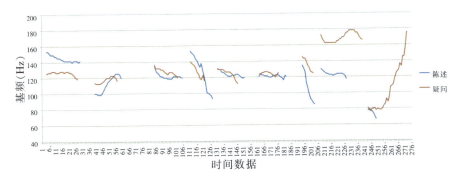

图 9.11　汉语普通话陈述句和疑问句的基频模式

在汉语普通话中，最长见的句调模式是陈述句和疑问句，利用基频就可以对这两种句调模式的差别进行研究。图 9.11 是汉语普通话句子"他明天坐飞机去香港"的陈述句和疑问句的基频模式，蓝线代表的是陈述句，红线代表的是疑问句。两者有明显的差别：陈述句的基频基本是下倾的，具体是第一个音节最高，最后一个音节最低；而疑问句的基频模式体现为基频逐步升高，最后一个音节为高升调模式。根据基频模式可以做合成和感知研究，也可以认识基频模式对陈述句和疑问句的重要性。

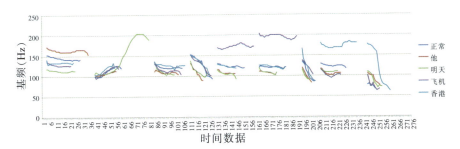

图 9.12　汉语普通话窄焦点基频曲线重叠示意图

在汉语普通话中，人们常常使用窄焦点来表示对某些事物和行为的强调，而利用基频可以对窄焦点进行有效的研究。图 9.12 是

"他明天坐飞机去香港"这个句子对"他""明天""飞机""香港"进行强调的基频曲线重叠的示意图。从中可以看出，如果强调了"他"，其基频最高也最长，其他差别不大；如果对"明天"进行强调，"明"的基频升高的幅度很大，而且音长很长，其他音节变化不大，而第二个音节"天"也基本上没有变化，和其他音节基本相同；如果对"飞机"进行强调，这两个音节的基频都很高，而且第二个音节比第一个音节的基频还要高，虽然它们都是阴平，这一点和被强调的"明天"完全不同；如果对"香港"进行强调，第一个音节的基频很高，而且音长也很长，但第二个音节的基频体现为高降调，行程很大。

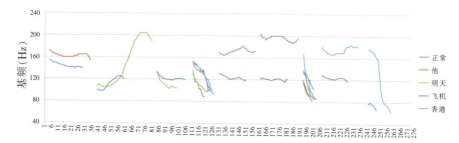

图 9.13　汉语普通话窄焦点基频模式

图 9.13 中有两条基频曲线，一条为正常的陈述语句，一条是从每个强调语句中提取出的被强调的音节。从图的基频对比可以明显地看出两者之间的差距，因此利用基频对窄焦点进行研究，可以很好地解释强调重音在句子韵律中的性质和作用。利用图 9.13 可以建立这个句子焦点重音的模型。研究汉语不同句法结构焦点重音的模式是语音学的一个重要领域，并有重要的应用价值。

9.4 发声与情感

这一节简单介绍发声与情感的关系。在研究韵律时，可以采用的声学参数有基频、振幅、共振峰、音长等常用参数，这些参数相对比较容易提取，对语音学的初学者来说是很好的研究参数。然而，语音的韵律实际上要复杂得多，其中嗓音参数是进一步研究韵律和语音情感的重要参数。但由于嗓音参数相对来说难于提取,因此使用得较少。随着技术的发展,利用喉头提取嗓音参数来研究韵律和情感已经越来越普遍。

众所周知,有时一句话的情感和音强、音长等都没有关系,但还能听出来其中有某种情感。这种情况往往和言语的嗓音有密切关系。但在大多数情况下,不同的情感往往要用更多的参数才能区分。下面利用基频、开商和速度商这三种典型的嗓音参数,来解释"我上班去"这句话的正常、欢喜和气愤三种情感的不同。

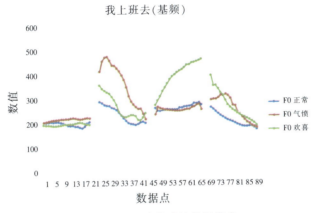

图 9.14 三种情感的基频模式

图 9.14 是三种言语情感的基频模式示意图。从图中可以看出,第一音节"我"的基频在三种情感中差别不大,基本是一样的。第二音节"上"的基频差别很大,其中气愤的基频体现为高降,其幅度远远超过正常和欢喜两种情感,最低的是正常情感的基频曲线。第三音节"班"的基频体现为两种模式,其中欢喜的基频体现为高升,而且幅度很大,正常和气愤两种情感的基频完全相同,体现为低平和略升。第四音节"去"的基频体现为两种模式,其中气愤和欢喜体现为高降,而正常体现为低降。从上一节讲过的窄焦点的角度看,似乎气愤的基频焦点在第二音节"上"上面,而欢喜的基频焦点似乎在第三音节"班"上。第四音节"去"的基频在气愤和欢喜两种情感上都有表现。

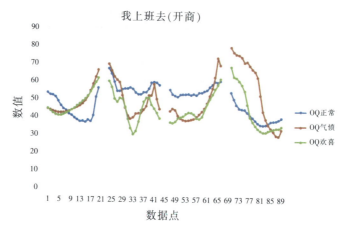

图 9.15　三种情感的开商模式

图 9.15 是三种情感的开商示意图。从图中可以看到，第一音节气愤和欢喜的开商体现为上升，而正常情感体现为下降然后上升；第二音节正常情感的开商体现为高平，而气愤和欢喜体现为降升；第三音节正常情感的开商还是体现为高平，而气愤和欢喜体现为上升，只是幅度略有不同；第四音节的开商都为下降，但幅度差别很大，气愤最大，正常最小。

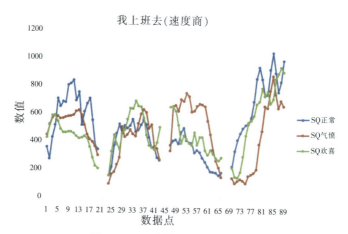

图 9.16　三种情感的速度商模式

图 9.16 是三种情感的速度商示意图。从图中可以看到，第一音节正常情感的速度商最大，气愤情感的速度商次之，欢喜情感的

速度商最小；第二音节三种情感的速度商都体现为升降，欢喜情感的速度商较大，正常和气愤情感的速度商较小；第三音节气愤情感的速度商最大，体现为升降，欢喜情感的速度商体现为高降，正常情感的速度商体现为低降；第四音节的速度商都为上升走向，正常和欢喜情感的速度商体现为先升，即音节一开始就升，但气愤情感的速度商体现为后升，即开始为平，而后快速升高。

通过以上的分析可以看出，嗓音参数（包括基频）在不同情感中的变化很大，这表明嗓音在语音情感中是最为重要的声学参数，这一点也能从语言参数合成中体现出来。目前，汉语语音情感的语音学研究才刚刚开始，其研究方法也正在探索和完善中。语音情感的参数合成和感知研究也还在起步阶段。在世界学术领域，语音的情感研究也正在摸索中，这就是为什么目前还没有一个语音合成系统能够为一部电影配音。但这正好表明了语音情感研究领域的广阔前景。

9.5 语音情感的复杂性

在语音学研究中，音位层面的问题是最基本的问题，在清楚了音位表达语言基本意义的基础上，才可以来讨论韵律和语音情感的研究。对于汉语来说，关于声母、韵母和声调的基本性质，人们已经有了比较深入的认识，然而对韵律和语音的情感却知之甚少，这是语音情感的复杂性所致。在对语音情感的性质的认识和语言学的基本知识缺乏的情况下，语音情感的研究进展很慢。

目前语音情感的研究有很多认识上的误区。虽然语音情感的形式研究是必要的，但将语音情感的研究主要放在语音的形式上会产生很多误解，甚至找不到方向。语音情感表达的目的是要引起听话人对某种情感的共鸣。如果没有引起听话人的共鸣，或者引起了另外一种情感共鸣，说话人为表达情感在语音上所采用的特殊语音形式就没有意义。因此，语音情感的形式只代表了语音情感的一个方面，而听话人的感知才是决定性的一面。例如，为了研究语音的情感，通常会找一名善于言语情感表达的人，让他按照统一的文本发不同情感的语音，然后进行对比研究，以便找出语音形式上的差别。这样实际上忽视了语义的作用，将本来语义上很欢快的内容用愤怒的语气来发音，不同的人会有不同的理解和感受。又如用一个儿童甜美的嗓音讲出一段恐吓的话，人们未必会感受到恐惧。这涉及听话人的文化背景、受教育程度、个人的性格、理解能力等等。这些现象说明了语音感知研究的复杂性。这方面可以参考语用学和舞台语言艺术中关于语言情感的研究，会有许多启发和帮助。

虽然语音情感很复杂，但这同时也为语音学展现出了广阔的研究和应用前景。例如未来机器人的发展需要高质量带情感的合成语音，多模态教学系统、翻译电话、电影和电视剧的配音，都需要带有不同情感的合成语音。因此，语音情感的复杂性也使得语音情感研究具有挑战性。

第十章 语音的感知

章节简介：

本章主要介绍：1）语音感知研究；2）音位学语音感知的方法；3）语音感知样本合成；4）元音的感知；5）塞音的感知；6）塞音 VOT 的感知；7）声调的感知；8）发声类型的感知；9）语音感知的其他因素。本章的主要目的是让学习者掌握语音感知的基本概念和研究方法。

10.1 语音感知研究

在语音学研究中，语音的感知研究十分重要。因为语音学在初期被称为"口耳之学"，即在研究一种语言时主要靠耳朵听和用口进行发音模仿。耳听实际上就已经是语音感知，但这种模仿是一种初步的、低层次的感知行为。随着语音声学和生理学方法的采用，语音学的研究方法和理论都有了很大的发展，使人们对语音有了更深入的认识。但语音声学和生理学的分析并不能最终真正描写出来人们大脑中的音位。在音位学研究中，人们是靠结构主义的音位学的对立来建立音位系统，这种对立也是建立在发音人感知的基础上，但它是综合性的。而现代语音学是要研究各种语音特征对音位的贡献，即研究哪些语音特征是区别性特征，哪些是羡余性特征，以及它们对音位感知的贡献量有多大。因此，现代语音学的感知研究是在语音学发展过程中的一个更高的形式和阶段，也涉及了更复杂的研究方法。

语音感知的行为学方法主要来自心理学，因为这种感知方法在心理学中被大量使用。在语音感知方面，通常是合成一个语音样本。样本中有一个变量不同，这就需要进行语音的合成，使得某一个语音变量不断地变化。在听辨了这些样本后，分析听辨的结果。比如，合成数个音节，使音节的声调从阴平55变到阳平35，根据听辨结果找出声调的感知范畴。

在听辨测试上，主要是采用：1）辨认实验（identification）；2）区分实验（discrimination）。辨认实验是辨别一个语音样本是否为某一个目标语音样本，区分实验是辨别两个样本是否不同。

随着脑科学的发展和更新的科学仪器的使用，本世纪开始利用脑电仪（ERP）和功能性磁共振成像（fMRI）来进行语音的感知研究。本节将简单介绍音位学的语音感知和基于行为学方法的语音感知。

10.2 音位学语音感知的方法

早期的语音学和音位学都是语言学的一个分支，主要是进行语言的田野调查。一位语言学家要调查一种陌生的语言，首先要利用国际音标（IPA）进行记音，通常利用严式国际音标来记录语音，即只要能听出差别就记录下来。在记到一定数量的词以后，就要利用音位学的方法来进行处理。音位学的方法是最早的语音感知的研究方法。具体是让发音人辨别两个音是否具有不同的语言意义，即是否能区分不同意义的语素或词。在音位学的语音感知中，利用自然语言的语音作为样本，不需要进行语音样本的合成。因为在这个阶段，还没有到考察一个音段中不同语音特征对感知的贡献的深度，语音是作为一个整体被感知的。然而，音位学对感知的研究也涉及了不同的类型和感知上更细微的差别。由于不能将语音进行声学上的分解和合成，语音感知上的差异主要是通过语音结构来进行。因此，音位学感知的区分是通过对立、互补、相似等音位学的原则来实现的。通过音位负担量的计算可知，一个音位对立的负担量并不相同，如，"妈（ma1）"和"骂（ma4）"之间音位的负担量在声调上，又如，"妈（ma1）"和"大（da4）"之间的音位负担量同时分在声调和声母上。现代语音学目前只是在研究两个音位之间的感知，还做不到研究多个音位之间的感知。虽然传统语音学和音位学涉及了多个音位的感知和区分，但不能量化到每个音位对感知的贡献，这为现代语音学感知的研究提出了语言学的要求和研究的方向。

10.3 语音感知样本合成

最早的语音合成器是机械合成器，见图10.1。这种合成器由一个风箱、一个哨子和一个发音管组成。风箱相当于人的肺部，主要提供气流。哨子相当于声带，主要产生一个乐音声源。管子相当于人的声道，主要起共鸣作用。在合成语音时，手压风箱即可产生语音，改变管子的形状和长度可合成不同的元音。这种合成器达不到实用，主要是一个概念。

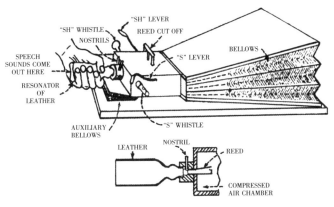

图 10.1 机械合成器

最早的电子合成器是由美国哈斯金斯实验室制作的，由比较复杂的机械和电子元件组成，主要由合成信息输入装置、电子合成器和输出设备组成。这个合成器的原理很特别，它是将从语图中提取出的共振峰、擦音乱纹等三维语图信息画在一张透明的胶片上，然后通过输入装置传送给电子合成器。电子合成器将胶片上的语图信息转换为不同频率的电信号，由电子硬件进行合成。最后将合成的语音信号通过放大后传送给扬声器。见图 10.2。

图 10.2 哈斯金斯实验室的电子合成器

这种合成器在原理上是参数合成器，因为它可以将语音分解成共振峰、擦音乱纹等声学部件，改变这些声学部件就可以得到不同的声音样本。

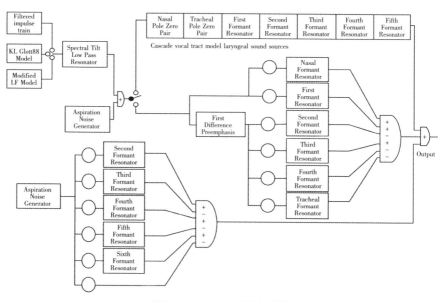

图 10.3 Klatt 电子合成器

随着电子计算机的使用，数字合成器逐渐取代了其他的语音合成器，主要有霍姆斯的并联电路合成器和克拉特的串并联电路合成器（Klatt，1980）。其原理是：1）利用抛物线函数合成一个元音脉冲；2）通过一个串联电路的合成器合成出不同的共振峰；3）通过一个辅音声源合成器合成塞音和擦音声源；4）通过一个并联电路滤波器合成不同的辅音；5）将合成的音段连接起来输出语音。由于这种合成器可以调整不同的语音参数，如基频参数、共振峰参数、振幅参数、音长参数等，是研究语音感知比较理想的工具。

10.4 元音的感知

在元音的感知研究中，比较常见的是对元音共振峰结构的感知研究、共振峰和基频相互影响的感知研究和元音音长的感知研究。共振峰结构的感知研究主要是通过共振峰的合成和听辨实验，最终确定一种语言的共振峰结构分布。共振峰和基频相互影响的感知研究主要是研究在基频连续变化时，基频对共振峰感知的影响。元音音长的感知研究主要是为了找出它们是否有一定的边界和范围。在有些语言中，元音的长短有音位学意义。

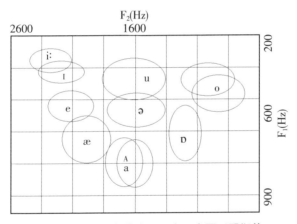

图 10.4　共振峰结构分布的感知研究示意图（邓斯等，1983）

共振峰结构的感知研究的具体做法是：利用参数合成器，在两个元音之间合成数个样本，合成的参数主要有第一至五共振峰的频率、带宽、基频和振幅；将样本进行听辨实验，最终得出元音在一种语言系统中的分布空间。见图 10.4，从图中可以看到，听辨的结果分布就是该语言共振峰系统的空间分布。该方法还可以用来对一种语言的标准音进行确定。

共振峰和基频的关系的感知研究主要可以用来测试基频对元音的影响。具体的方法是合成一个元音，如元音［e］，这个元音的第一共振峰相对来说比较高。如果基频较低时，基频距离第一共振峰比较远，这时对元音共振峰感知的影响就比较小。但当不断提高基频时，基频的能量就会越来越接近第一共振峰。这时就影响到元音谱结构的能量分布，从而导致元音听感上发生细微的变化。如当基频变得很高时，元音［e］听起来会接近［i］。在一种语言的音位系统中，由于元音结构分布不同，元音的感知结果会不同。这种感知研究方法可以用来研究基频对一种语言元音系统的影响。

元音音长的感知研究主要是针对有些语言中元音长短和音质共同承担音位区别时确定音位特征的研究，如长元音是［a］，短元音是［æ］，其音位差别包含了长短和音质两个特征，实验可以确认哪一个是区别性特征。具体的做法是合成不同长度的元音样本，在样本合成中让时长和元音共振峰都从一个元音过渡到另一个元音。通过感知研究可以找出元音音质和音长对感知的贡献。

10.5 塞音的感知

通过声学分析得知，塞音的感知主要是靠后接元音第二共振峰的走向，即音轨的性质。双唇塞音的第二共振峰指向 800Hz，舌尖齿龈塞音的第二共振峰指向 1800Hz，舌面塞音的第二共振峰指向 3500Hz。除了第二共振峰以外，第三、四共振峰也会根据第二共振峰有相应的变化。根据塞音的这一特性，用于塞音感知的合成样本主要是改变音轨的频率，有人用音轨方程来描述。图 10.5 左是双唇塞音到舌尖齿龈塞音合成样本的示意图，从中可以看出只有第二共振峰的弯头部分在变化。利用这组样本做听辨实验，就可以得到图 10.5 右所显示的结果。从中可以看出，随着第二共振峰的变化，被听成 ba 的数值越来越小，而被听成 da 的数值越来越大，两条感知曲线的交汇点即是塞音 ba 和 da 的音位感知分界线。研究表明，塞音的感知属于范畴感知。

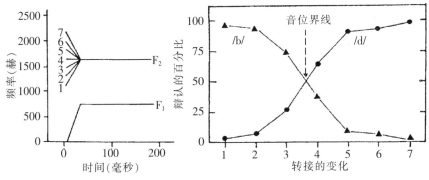

图 10.5 塞音感知示意图

10.6 塞音 VOT 的感知

塞音的 VOT 和清浊的感知有密切的关系，甚至有人认为 VOT 和遗传有关，这是因为初生的婴儿对 VOT 都有比较相同的感知能力。这种实验主要用于测试不同语言塞音清浊感知的边界。具体的做法是，从浊塞音逐渐合成到同部位的清塞音或送气塞音，然后进行听辨实验，从而找出基于 VOT 参数的清、浊、送气塞音的感知范畴，见图 10.6。图左是确认实验的结果，具体是听辨不同 VOT 长度的样本，让听辨者确认是清塞音还是浊塞音。两条曲线交汇点就是清浊塞音的范畴边界。图右是区分实验的结果，从中可以看出，在第 3 和第 4 样本之间有巨大差异，在第 4 和第 5 样本之间也有巨大差异，第 4 个样本就是清浊的范畴边界。

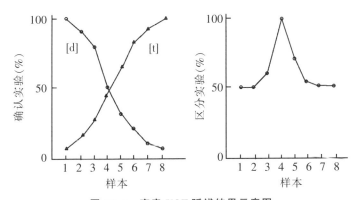

图 10.6 塞音 VOT 听辨结果示意图

10.7 声调的感知

中国有许多语言属于汉藏语系语言，这些语言基本上都是声调语言，因此声调的感知研究对中国的语音学研究非常重要。对声调的感知研究表明，声调之间的感知基本上都是范畴感知，这样就对确定声调的音位范畴非常有用。但也有研究表明，如果调形相同，只是音高不同，其感知范畴就会削弱（孔江平，1990）。

中国不同语族的声调类型有很大的差别，这些差别也必然会反映在声调的感知上面。声调的感知和许多因素有关，如发声类型、元音长短、音节结构等。所有这些构成了汉藏语声调的复杂性和多样性，为声调感知的研究展现了广阔的前景。

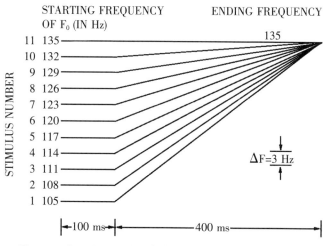

图 10.7 阳平和阴平感知合成样本示意图（Wang，1976）

声调感知研究的具体方法是：1）选择两个声调，如汉语普通话的阴平和阳平；2）从一个声调逐渐合成到另一个声调，主要是基频从阴平逐渐过渡到阳平，见图 10.7；3）做确认和区分听辨实验，通常要三十个以上的听辨者；4）查看结果，根据听辨结果划分出感知范畴，见图 10.8。

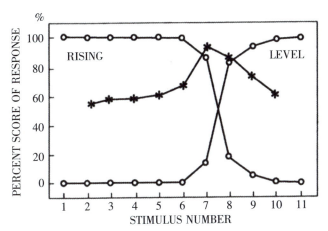

图 10.8 确认和区分实验结果（Wang, 1976）

图 10.8 中，圆点线为确认实验的结果，星号线为区分实验的结果。可以看出，汉语普通话阴平和阳平之间具有声调的感知范畴，大概在第 7 和第 8 样本之间。

在声调感知研究中，由于采用的技术不同会产生一些问题，主要是合成样本的参数的精确度和自然度。如果用一个实际的语音样本，只用基频同步叠加法改变基频，虽然样本的基频被改动了，但其发声类型并没有改变，会影响到听辨感知的结果。如果实验的语言没有发声类型的问题，其影响就不会太大；如果实验语言的发声能区别意义，这样合成的样本就不适用声调的感知实验。

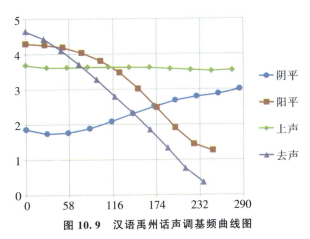

图 10.9 汉语禹州话声调基频曲线图

这里介绍基频和发声的感知实验。在许多语言中，声调和发声类型有密切的关系，无法简单地将基频和发声对声调感知的贡献分离开，因此，这方面的研究往往受到限制。但目前合成基频和发声同时变化的样本在技术上有一点困难，特别是对文科背景为主的研究人员来说。一个折中而且有效的方法是直接利用目标样本的发声类型。图 10.9 是汉语方言禹州话声调的基频曲线图，从中可以看出，阳平和去声的基频十分接近，通常情况下是没有办法区分的。在这种情况下，往往是发声类型在声调的感知中起作用。

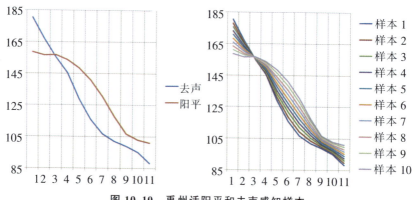

图 10.10　禹州话阳平和去声感知样本

从图 10.10 中可以看出一共有十个样本，但合成的实际样本有两组。第一组是以阳平为母本，即真实录音。改变其基频，逐渐合成到去声。虽然这一组的基频改变了，但其发声类型基本没有太大的改变。因此可以称为阳平发声类型组。另一组是以去声为母本，改变其基频，逐渐合成到阳平，这一组的发声类型基本上是去声的，可以称为去声发声类型组。阳平发声类型组和去声发声类型组的合成用的是完全相同的一套基频值。

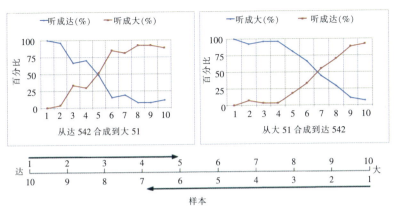

图 10.11 禹州话阳平和去声感知结果

图 10.11 中，左上是阳平母本组样本的感知结果，右上是去声母本组样本的感知结果，下图是声调感知边界。从图中可以看出，阳平母本组的边界在第 5 个样本，去声母本组的边界在第 7 个样本。这个结果说明，由于发声类型的不同，声调的感知范畴边界发生了偏移，说明汉语禹州话的阳平和去声的感知受到了发声类型的影响。研究表明，汉语普通话的发声类型对声调的感知也有一定程度的贡献（Yang，2015）。

10.8 发声类型的感知

目前真正的嗓音发声类型感知研究很少，有两个原因：一是对语言发声类型感知的主要性质了解得还不是很清楚；二是语言发声类型的参数合成还有一定的困难。从目前的研究看，嗓音发声类型有时域和频率域两个方面的特征。时域的特征主要是基频的抖动（jitter）和振幅的抖动（shimmer），这两个参数随机性很强，个人差异也比较大，它们在感知上对语音的自然度有较大的影响。从言语产生的原因上看，频率及振幅的抖动和声带振动以及声道共鸣导致的声道壁抖动有关。频率域的参数主要是基频、开商和速度商。虽然这几个参数都是从时域信号提取，但直接反映的是频率域的性质，这些可参考方特的研究。因此，要进行语言嗓音发声类型的研究，首先要能够合成出高自然度的可控参数的嗓音声源信号。比如一种语言的两个音节的发声类型不同，要对其进行嗓音发声类型的感知测试，首先要合成出嗓音发声类型参数渐变的样本，才能做听辨实验。这种合成样本尽量要控制变量，但通常情况下，开商和速度商是高度相关的，无法分开。这就要求在合成的时候，两个音节的基频必须相同，只是开商和速度商不同，在样本合成过程中要求开商和速度商逐渐从一个样本过渡到另一个样本，这样控制参数合成的样本才符合嗓音发声类型听辨的要求。目前还不知道语言发声类型是否存在感知范畴。具体的合成可参见嗓音模型一章的相关内容。

10.9 语音感知的其他因素

在语音的感知研究中，"麦格克效应"（McGurk effect）是一种影响语音感知的重要现象。它是由英国心理学家哈里·麦格克（Harry McGurk）和约翰·麦克唐纳（John McDonald）于1976年发现的。简单来说，麦格克效应是一种唇形视觉系统对语音感知系统的影响。具体是将一个音节面部和唇形的录像进行改动，这时听到的语音和真实的语音会有差别。如录像播放的是 ga 音节，但实际语音是 ba，这时感知到的声音是 da。如果听辨时闭上眼睛，感知到的还是 ba。这种现象说明视觉系统会对听觉系统产生干扰。它表明在语音的习得过程中，人们用到了两套系统：一套是听觉系统，另一套是视觉系统。这两套系统一旦发生冲突，就会对真实的语音感知产生影响。

从麦格克效应来看，儿童的语言习得需要有父母面部的唇形系统。这提示我们：1）现代的语言学习系统应该是带有面部视觉的语言多模态教学系统；2）在给译制片配音时，应该考虑麦格克效应的影响，如影片中是舌根音的动作，一定不要配双唇音，不然会产生听觉错误，影响配音质量；3）腹语的表演充分利用了麦格克效应，如在腹语表演时，双唇音是最难发的，很不容易发到位，但木偶夸张的双唇动作往往会弥补听觉的不足；4）在言语工程上，虚拟播音员高清的录像是可以弥补某些语音合成上的不足。

第十一章　信号采集和田野录音

章节简介：
　　本章主要介绍：1) 录音笔录音；2) 电脑录音；3) 语音多模态信号采集；4) 视频信号采集；5) 修建录音室；6) 田野调查的录音环境；7) 文件管理。本章的主要目的是让学习者对语音信号采集过程和应该注意的问题有一个大致的了解。

11.1 录音笔录音

　　本节介绍怎样用录音笔进行声学信号的录制。现在市面上有很多录音笔，如果用普通的录音笔，录音的效果会很差，不太适合语音学研究。用于语音学研究应该买一些质量好的录音笔来采集信号，特别是在山区比较偏僻的村寨里面进行录音的时候。现在录音笔的质量已经非常好了，因为它的采样频率可以很高，通常也有不同的格式，比如一般都有 wav 格式。如果录音是为了做声学分析，一定要选择 wav 格式，而不要选择 mp3 格式。因为 mp3 格式是压缩格式，它只是为了听音，这对于一般的记者采访来说是够用的，但是用于声学分析的话这种格式就不合适。

　　在录音时，麦克风的指向性是一个很重要的技术参数。质量好的录音笔上都会有内置的麦克风。通常录音笔上的麦克风会有两种模式。一种是全向的，大家围着坐在一起相互说话的时候就要用全向的麦克风，这样能把周围的声音比较好地录制下来。另一种是指向的。如果录某个人的声音,而且这个人又是固定在一个位置上,移动很小,这时可以用指向性模式。因为指向性模式对某一个方向的录音效果会比较好,旁边的噪音和其他的影响会变得很弱,或者不会被录制下来,录音的信噪比会好很多。但是用指向性的麦克风时一定要注意,如果发音人来回移动,这时一定要跟踪才行。即使麦克风的指向性很好,但发音人来回走动,声音就会忽大忽小,也影响录音的质量。另外,做一般的语音录制,还可以用外置的麦克风,把它接在录音笔上。外置的麦克风可以选质量比较好的,做成领夹式,放在口唇的侧面附近,这样录音质量会有很大提高。不要放在口唇的正下方,以免录入冲击气流。

语音分析的录音不能像记者采访那样手持着录音笔对着发言人,而是最好把录音笔放在一个固定的位置上,这样效果才会好。因为手会振动或者移动,这些振动和移动都会被录下来。通常情况下是把录音笔放在一个桌子上面,垫一些软的东西,让录音笔对着发音人。这时一定不要碰桌子,以免录入其他信号,影响录音质量。

现在的录音设备一般都会有两个通道,一个左通道,一个右通道,两个加起来称作立体声。如果在录音时左右声道是分开的,两个话筒怎样放置很重要。如果是有两个不同的声源或者发音人,应将两个话筒分开较远放置。录制运动的声源时会采用双通道录音,这样在回放时能得到比较好的立体声效果。如果只是录制个人的语音,就没有必要使用双通道录音。

11.2 电脑录音

这一节简单介绍一下电脑录音。因为现在电脑已经普及,并且可以连接很多不同的设备,所以电脑录音的质量是可以控制的。通过电脑录音,可以对波形、能量等各方面进行实时控制。利用电脑录音首先要说一下硬件。如果按声源的顺序,首先是话筒。话筒一定要选择质量比较好的,对于单个人语言的录音最好是用领夹式的,让它有一个比较好的固定位置放在上面。除了话筒以外,常用的采集器是喉头仪。喉头仪的感应器是绑在人的脖子上的，放在喉结那部分，这也是录音前端的一个硬件。当然，还可以配置其他的仪器。

如果我们录的是双通道信号，也就是两种信号，比如说一个是语音信号，一个是喉头仪信号，要将这两个信号的输出端连接在调音台上面。调音台的好处是前置放大，这样可以提高所录语音信号的幅度，提高录制信号的信噪比。信号在前置放大后，通常接外置的声卡。不要用电脑本身内置的声卡，一定要用一个比较好的外置声卡。因为外置声卡的电噪声比较小，另外，外置声卡还可以进一步进行音量的调制。经过声卡采样的数字信号直接接入电脑。买电脑需要注意两个方面的问题：一是电脑的电噪声要小，这个经过试用才知道；另一个问题是电脑的散热性能要比较好，因为如果电脑的散热性不好，在录音时风扇就会经常启动，形成噪音声源。通常情况下，好的电脑其散热系统就比较好，风扇不会经常启动。当然也可以采取一些措施，如把电脑架空。因为散热部分都在电脑的下面，让下面比较热的地方悬空，就不会因为过热导致风扇经常启动。

电脑录音的另一个方面是软件。软件涉及的问题主要是通道的设置，即要将两个通道分开。如一路麦克风信号，一路喉头仪信号，在软件的设置上一定要让其分通道采集。另外在调音台上也一定要分开，包括接线和设置一定要分成两路。用左通道的时候，一定要把左通道开到最大，把右通道设置为零；用右通道的时候，要把右通道开到最大，左通道设置为零。这时两路信号才可以完全分离，从而不会混音。实际上调音台本身的功能是为了混音，是为了把多个麦克风的声音混成一路或两路信号。有一点要注意，通常的调音台，无论有多少个输入通道和话筒接口，实际的录音通道只有两个。因此在购买调音台时，不必买有很多插口的调音台，因为那些插口主要是为了录制音乐和唱歌。

选用录音软件还要注意在录音时能否直接监视录音信号的大小，这一点很重要。因为实时显示波形能很准确地控制音量，同时也能监视信号是否超载,或者监视信号是否有一些畸变。比如喉头仪信号受很多因素影响,如比较胖的人录音时,喉头仪有可能会产生噪音信号,喉结的运动也会产生很低的低频信号,导致过载,因此从录音的幅度上无法知道是否录到了符合要求的信号。所以在录喉头仪信号时一定要用能显示波形的软件,只有看到这个波形是好的,录制的文件才有用。另外,监视波形还有一个好处,即能不让它超载。如果超载的话,信号会被消波,这样信号就不完整了,要当时调整。如果从监控发现信号太小,最好进行前置放大,即在调音台上进行硬件的前置放大,这样会提高信噪比。如果在声卡处放大,噪音也会被放大,信噪比就不会得到提高。

11.3 语音多模态信号采集

现在的多通道录音设备主要是电脑来控制的录音系统。声卡要用专业的多通道声卡,例如八个通道的声卡和十六个通道的声卡是常用的比较专业的声卡。通道的多少取决于采集信号的多少。从语言多模态研究的角度看,通常需要同时采集的信号有五六种,因此声卡的通道也至少要五六个。例如,用第一个通道采集语音信号,采集器是话筒;用第二个通道采集嗓音信号,采集器是喉头仪;用第三个通道采集胸呼吸信号,采集器是呼吸带;用第四个通道采集腹呼吸信号,采集器是呼吸带;用第五个通道采集心率信号,采集器是心率电信号采集仪;用第六个通道采集指电压信号,采集器是指电压采集仪。后两种信号是生理信号,可以反映发音人的情绪变化,对研究口传文化和语音情感非常有用。专业的多通道信号采集设备有内置的前置放大功能,因此通过软件就可以对每个信号的幅度进行调制,以达到合理的幅值。

在采集多通道信号时,信号性质的不同会带来不同的问题,其中语音信号是最稳定的一种信号。喉头仪采集嗓音信号有时会有很多麻烦,但有时采集会很顺利。通常男声比女声好采集,瘦的人比胖的人好采集。导致呼吸信号不稳定的因素也比较多,最主要是呼吸带的捆绑一定要合适,通常感应器应放在身体的侧面。另外,温度也会影响呼吸信号的采集，导致负值变化比较大，因此常常会出现过载的情况。

生理和心理变化的信号主要是心率和指电压。心率相对来说是比较稳定的一个信号，在人心情变化的时候，比如歌唱，心率会提高。但是指电压是一个非常敏感的信号，它会随着人的情绪发生很大的变化。这种情况下指电压的情况不是特别稳定，有的时候可能会过载。另外，天气热的时候，手指会出汗，这会使指电压信号大幅度过载。所以一定要随时调整，在天热的时候，最好在恒温的室内或温度比较凉爽的地方采集。

有一点需要注意，这就是幅度。因为信号的种类多，各种采集器的电子特性有很大差别，因此需要整体提前测试一下，找到最大值。在录制情感语音或唱歌时，特别是录制民歌的时候，声音起伏会很大，这个时候最好是能够先预演一下，让演唱者唱到很强的高音，找出预设值。但也会有这样的情况，即最大值出现的时间很短，如果按最大值预设，其他所有的样本都可能很弱，这样也不行。这时要根据研究的目的做动态调节，或者另录强音的部分。

在没有多通道录音设备时，如果需要进行多通道的信号采集，可以用多个双通道声卡来采集，但方法上会比较麻烦。如需要录六个通道的信号，那就要用多台电脑加多个外置声卡来代替，具体讲需要用三台电脑三个外置声卡，也可以同时录到六个信号。但是这样的录音确实会带来很大的问题，将来三个立体声的文件，需要找到一个共同的起始点。如果找不到一个共同的起始点，在做语音分析的时候就没有办法对齐。通常情况下，需要录制一个类似打标记的信号作为对齐点，以便用于将来的信号对齐和信号处理。但总体来讲，最好还是用多声道的声卡来录制，这样可以避免信号对不齐的问题。

11.4 视频信号采集

在语音研究中经常会用到视频信号。视频信号主要是对唇形进行分析和建模，即将采集的视频信号用于唇形的检测和参数提取，并通过唇形参数研究它们和语音之间的关系。视频信号的另一个用途是研究语音情感的表达过程中面部表情和语音的关系。现在视频采集设备发展很快，一般的摄像机都已经达到了高清。通常情况下，一个小型的高清摄像机的效果就已经能满足研究的需要。

在录音的时候，高清摄像机的性能很重要。虽然画面的解析度已经很高，但摄像的采样频率也十分重要。为什么说速度很重要呢？这是因为，虽然人们在发音时基本元音的变化速度较慢，用每秒钟 40 帧基本上就能满足研究的需要。但也还有一些问题，因为摄像机的格式里面会有单线扫描和双线扫描，录制图像的录制格式不一样，这些需要看技术的参数，因为这涉及后面的图像处理。另外，在发塞音的时候，比如说 pa 这样的音，双唇的速度在爆破的一瞬间是非常快的，如果用每秒钟 40 帧的摄像机来录制，根据经验这样录制会有问题。如果这一点落得比较好的话，一帧正好是闭着，而第二帧打开，这个信号还可以用于研究。但是在很多情况下会出现抓不到双唇紧闭的那一帧，前一帧还没有闭，第二帧就已经打开了，这对后期的图像处理和建立模型信号是不足的。如果研究这种唇形动作是为了语音的建模，最好买速度更高一点的摄像机，比如说能每秒钟上百帧的摄像机。虽然摄像采集的数据量大了，但是能够得到精确的唇形变化，有利于唇形建模。

最后一点是关于灯光。每个摄像机在自然的光线下，拍摄的效果都是非常好的，而且用了全自动以后，它自己也可以进行一些调整。但在实验室条件下，特别是在隔音室里面就会出现一些问题，主要是光源。因为每个摄像机要达到最好的效果，在技术上会有色温的要求。色温这个参数要根据摄像机的说明书做很好的匹配，满足摄像机录制的要求。除了色温以外，白平衡也是一项重要的参数。如果选用了自动模式，发音人衣服的颜色会影响到白平衡，最终影响录像的质量。

自动状态下色彩的变化并不是根据人面部反光的情况，在很多情况下是根据整个画面来计算的。后面的背景是蓝颜色的，或者是灰颜色的，或者是黑颜色的，画面质量都会不同。所以，在实验室条件下采集图像可以多试验几次，以达到一个比较好的状态。另外，在实验室状态下可以不用自动模式，用手动模式将色温和白平衡都设置到一个比较好的效果，这样录出来的录像在后期处理时就会省很多的力气。如果前期录制的效果不好，后期再去作调整，确实要费很多的时间去对图像进行计算和校正。

11.5 修建录音室

这一节介绍录音室的修建。对语音学研究来说，大部分的信号采集都会在录音室进行。语音学研究的录音室不仅需要隔声，也需要消声，其技术要求比一般的录音棚和播音室要高。下面有八个方面的问题需要注意。

第一个要注意的问题是录音室技术参数。修建录音室涉及专业的技术，一定要用比较专业的公司，不能找普通的装修队来做，现在有比较专业的公司来做这方面的工程。专业的录音室里外有两层钢板，里面用吸收声音的材料，这些材料对高频信号有很好的吸收作用。里层钢板上打有小洞，这主要是为了过滤低频信号，即低频信号进去了以后不会被反射出来。专业的录音室地面有钢梁，钢梁架在胶垫上，是为了防止外面的振动通过地面传导到录音室里，因此这种设计是必需的。在建立录音室的时候，形状上通常不会采用正方形，最好是长方形，这是出于对室内声音反射的考虑。一个录音室的本底噪音是多少才能称作一个好的录音室？按照国际的标准来修建的话，通常本底噪音要低至 20 分贝左右。实际上语音学研究的录音室的本底噪音最好在 25 分贝以下。

第二个要注意的问题是选址。首先要向专业的设计人员咨询，关键是房间周围不能有其他的声源。由于承重的问题，一般会把录音室建在地面一层，或者地下室。建在楼的高层会有问题，特别是有教室的地方。因为，修建在离教室很近的地方，上下课时脚步的振动都会传到录音室里，这是不可取的。建在地下室，相对来说比较安静，但是也会有问题。通常地下室会有管道，如水管道和通风管道，这些管道在启用时都由电机带动水泵和风扇，会产生很强的振动和噪声。这些振动和噪声会通过地面、墙壁传到录音室里，特别是录音室的底板胶垫得不是很好时，不能把振动消除掉，特别是低频噪音信号很难消除掉，使录音室的效果变得很差。所以在选择录音室房间时，一定要远离声源或者振动源。如地下面的地铁，或者是靠马路旁边常有汽车经过的地方，这些地方的振动人感觉不到，但在录音时都会传进来，特别是低频信号很难防御。因此在选择录音室建设地点时，一定要和专业人员进行沟通。

第三个要注意的问题是录音室要有控制室。控制室一般都会开一个窗口，窗口有三层或四层玻璃，能看到录音室里面并进行控制。通常情况下，录音设备应该放在控制室，如电脑和语音设备，特别是带风扇的仪器，都要放在控制室里，不能放在录音室里面。因为这些风扇一旦启动，就会产生噪声。如果在录制语音信号的同时又拍摄录像的话，会打开许多照明灯。灯光会使室温迅速升高，导致电脑或者其他设备启动风扇。因此，要让录音室里面保持绝对的安静，电脑和仪器都应放在控制室里。

第四个要注意的问题是要安装一台对讲机。因为相互交流时，拿对讲机比较方便。如果没有对讲机，室内外交流会比较困难，或者表达得不准确。现在对讲机都很便宜，可以购置一个质量稍微好一点的对讲机进行室内和室外的交流。

第五个要注意的问题是电路噪声。我们知道，过去用的灯管是通过一个镇流器来进行激活的。镇流器过去是用线圈做成，会使周围电路里产生交流声，录音时就会和仪器信号一同被录下来，形成电噪声声源。所以录音室里面一般不要装灯管。现在灯管的镇流器是通过一个电子芯片来实现的，产生电噪声的可能性较小。在建立录音室时要进行一些测试，如果没有电噪声的话就比较好；如果有一个电噪声混进来，最好不要用灯管，而是改用其他的光源。

第六个要注意的问题是通风。一个比较好的录音室会通过风扇把风打进录音室里。风的通道是一个比较长的消声管，通过消声管后大部分的噪声会被吸收掉。空气进入室内以后，需要有一个排风口，将空气排到录音室外。排风口并没有风扇，只是一个消声通道，外面的声音不可能从这个通道进来。由于录音室里面的压力变大，室内空气自然会被挤出去，形成流通，通风系统通常还是会增加一点噪音。如果录音量不是很大，可以把风扇关掉进行录音，录了一段以后，把门和风扇打开让它换气。长时间录音不通风，录音室里会缺氧，对人的身体会有影响。通风的消声系统是衡量一个实验室设计质量好坏的标准，如果通风系统的噪音不能消除，整个录音室的质量就会受到影响。

第七个要注意的问题是灯光。上面提到，灯光和摄像有关，如果不摄像的话，可以用冷光源。如果涉及视频信号的采集，灯光问题不可回避。因为摄像机要考虑到色温，这时会用一些热光源灯泡，这些光源会很快地让隔音室里面的温度升高，如果你的通风系统又有噪音不能开启，录音的效率就会变得非常低。

最后一个要注意的问题是导线。如果把所有的仪器都放在录音室外的控制室里，就需要内外的连线。过去有一些录音室是通过墙上的插座孔连接内外，即把外面的设备插在墙壁上的插座上，把里面的设备从里面插在插座上。但实践经验表明，这种方式并不是一个好的方式。因为插头很不容易做好，常常会产生噪音，这个噪音就会被录在信号里。一个插头焊得不好会产生小毛刺，这个小毛刺会象发射台一样产生杂波信号，串在录制的信号里。所以现在通常会留一个洞，把一束导线，如视频、音频等多种导线捆成一捆，通过这个洞进入录音室，然后再把这个洞封上。这样信号直接通过一根线就传到了设备上，就不会产生额外的噪音，而且也能保证隔音室里面的隔音效果。

11.6 田野调查的录音环境

田野调查的录音环境主要是在野外，这是一个非专业的录音场所，因此各个方面的因素都会影响到录音的质量。在这种情况下，可以注意以下几个方面，尽量使声音质量能够得到保证。

第一个是录音场所的问题。在某一个地方进行调查，按我们国家现在的经济发展水平，县一级这样的地方基本上都可以找到录音棚，如当地广播电台和电视台，在他们不用时可以租用或者借用，这样录音效果就会有很好的保证。但是应该清楚，一般录音棚不是用于科技研究的，而主要用于一般新闻播放、节目制作或者歌唱等的录音。这样的录音棚往往需要一定的混响，声音才能比较浑厚，才能好听。而我们做研究，需要听上去不是那么好听，但非常干净的声音，两种录音室的目的不同。但一般的录音棚最起码能把外面的噪声屏蔽掉。

另外还可以找宾馆，比如说找一个比较安静的、不靠街的宾馆，特别是那种墙上贴了墙纸的房间，可以降低反射，在这种条件下通常也能够录到比较好的声音。再差一点的话，就是找一个办公室。这个办公室里应听不到周围的汽车声或者其他噪声，需要相对安静才行。通常情况下办公室肯定有一些其他噪声，相对来说要差一些。最差的录音环境是村子里的农舍，因为村子里有鸡叫、狗叫、拖拉机等噪声，所以农舍里面的录音效果会比较差。但是也要看农舍的结构，有的农舍房间是用木头做的，反射不会很好，相对来说还会好一些，有时要比办公室好。办公室多是光面墙，房间里面东西又不多，容易形成混响。但是整体来说，这两个场所都不算是特别好的录音环境。

在录音环境确定了以后，无论好坏，可以进行一些改造，想办法消除一些噪音。如果是在一个宾馆里录音，在录音时不要对着墙，也不要将一张桌子靠着墙，麦克风对着墙的位置不好。可以放在房间的某一个位置，但一定不要放在反射回声集中点的位置。一定要先试一下，这需要有一定的经验。通常一个房间里面可能会有某个点是整个房间反射的集中点，那个地方声音会比较大，混响也比较大，应该避开。另外，可以在房间里拉一些绳子，向服务员借一些被单挂在上面，这样会有一定的改善。但是这些改善只限于高频信号，如降低混响，对低频信号来说改善不大，不可能消除掉低频噪声，因此只是一个权宜之计。

田野录音时，电压是一个非常麻烦的问题。如上高原或者在农村，遇到的最大问题是电压不稳。因为在很多地方都是小电站和家庭小发电机，许多因素都会影响到电压的稳定性。在这种情况下录出来的声音一定会有问题。电压不稳也会导致仪器出现问题，电脑也会出现问题。如果是用录音机，电压低了速度就变慢，拿回来的信号再放时，就会发现正常速度回放声音的基频会变高，声音就会变高，这是电压不稳的一个最大的害处。解决的办法有一个，即使用手提电脑录音时，可以先对它进行充电，然后再录音。一般来说便携式的设备都是自带电池的，因此比较稳定。特别是在丛林地区没有电的地方进行信号采录，便携式设备自带稳定的电源，可以解决电压不稳的问题。现在便携式的脑电仪通常也可以维持数个小时的工作。

做田野录音时，设备的性能很重要，因为很多商用设备都是为实验室设计的，而不是为复杂环境设计的，如高海拔环境。有一些专门的仪器，电路里面除了芯片还有一些电子元件，这些元件在气温变化、潮湿和高海拔环境中会影响到仪器的稳定性。比如早期的喉头仪里面有电容，电容是一个缠起来的元件，在高原受潮了以后会膨胀，一旦膨胀，仪器就会失灵或者出现一些很奇怪的信号。这些都是没有办法的，因为很多仪器的设计是低海拔实验室和医院里面使用的仪器，并没有考虑到高原的环境。所以买仪器设备时一定要注意，最好买那些仪器本身只是用芯片做的。通常，芯片经过封装，环境的变化对它的影响比较小。在购买仪器的时候要考虑是否要经常去青藏高原调查。到了海拔 3000 和 4000 米以上，会有气压的问题，所以一定要考虑这个方面的因素。

最后讨论一下去掉噪音的问题。如果录音环境不是很好，就会时常出现噪音，如村子里面最主要的噪音声源有拖拉机的声音。拖拉机的声音非常强，隔得很远也会录下来。另外是突发的信号，如狗叫、鸡叫。这些噪声都很强，会被录在语音信号里，对语音信号的质量产生很大的影响。这些噪声不像一些平稳的背景噪声，可以通过提高信噪比，即通过调音台把麦克风和仪器的信号提高来解决，或者通过后期降噪处理来解决。去掉这些强噪音的办法是保持录音设备在录音状态，等噪音消失后重新录制一遍即可。总之，要保证语音和其他比较强的噪音信号没有重叠。这就需要在录音的时候作实时监测，看其波形。这也算没有办法的办法，虽然费时，但可以得到好的录音质量，实际上在农舍田野录音经常是这样。另外，在农村，白天大家都需要劳动，而晚上九点以后农村就会非常安静，可以利用这个时间去进行录音。如果白天进行调查，发音人不是很劳累，晚上录音就比较好，往往能得到比较好的录音质量。

11.7 文件管理

在完成了信号采集后，特别是田野录音以后，第一件要做的事就是及时检查录音质量。如通过回放录音，不仅要检查波形是否过载，还要听是否有失真或者读错的地方。当时检查录音质量是非常重要的一个环节，发现录音有问题就要及时重录。因为到一个很偏远的山区很不容易，采集回来的信号不能使用会很沮丧，因此一定要当时检查录音质量。通常录了一段以后，在休息期间就要赶快进行质量的检查，以达到满意的质量为准。

录音时要随时记录发言人的信息。发言人的信息最好用文本记录到电脑里；另一个方面，将发音人的信息以语音或视频的形式录在信号的开头或结尾处，如民族、年龄、母语是什么、用什么第二语言等。通常在我国民族地区，由于杂居的语言环境，很多人都会说几种语言，这个时候一定要把语言背景信息记录清楚。如，几岁开始学习第二种语言，父母说什么语言，父母的民族成分，祖父、祖母那一辈说什么语言。这些记录对后面的研究非常重要。还要记录当时录音的时间。另外还有，录音文件名的编写也非常地重要，要及时做一个整理把它存好。

每天的录音文件一定要做备份，而且做多个备份，这是非常重要的。因为在田野录音过程中路途会很颠簸，电脑硬盘可能出现问题。现在的主流硬盘，磁头有机械构造，强烈振动可能会导致故障。除了防震以外，防潮也是很重要的。不管什么信号，做完录音以后，最好拿一个防潮的塑料袋子将硬盘密封好，以免受潮。无论录音到多晚，文件管理一定要在当天做好。只有这样，才能得到比较好的录音，不会由于某些意外导致信号和文件受到损坏。

第十二章　语音多模态和语音应用研究

章节简介：

本章简要介绍语音多模态和语音应用研究，主要包括：1）唇形模型研究；2）声道模型研究；3）嗓音模型研究；4）肺模型研究；5）电子腭位研究；6）代偿性发音研究；7）声纹鉴定研究；8）病理语音研究；9）语音与读写障碍研究；10）言语艺术和口传文化研究。本章的主要目的是让学习者了解语音学和相关交叉学科的研究进展。

12.1 唇形模型研究

唇形在言语习得和言语活动中非常重要，从语音学的角度对唇形进行研究有很重要的价值。在传统语音学中，人们将唇形用于元音的分类，产生了圆唇元音和展唇元音；在语言习得中，婴儿都是看着父母的脸和唇形进行母语的学习，并建立唇形和语音的对应关系；在现代语音工程中，虚拟播音员的唇形需要进行数字图像的合成，和语音也有密不可分的关系。因此，对语音唇形的研究是现代语音学发展的一个重要方面。

唇形的实证研究自从有了照相技术就开始了，主要是通过拍照，将不同元音的发音和唇形结合起来进行研究。然而动态的唇形研究是有了摄影和摄像技术以后才开始的。比较完善的研究是有了计算机和数字图像处理以后才出现的。为了给唇形的合成和高背景噪音的语音识别提供更多的参数，唇形的自动检测和识别被广泛研究。主要的方法是拍一段录像，对录像的每一帧进行图像的数字信号处理，检测出唇的轮廓线，最终从轮廓线上提取出相关参数用于建模。这些大多是关于外唇的研究，因为外唇比较容易检测和识别。然而研究证明，只研究外唇对语言学研究和语音识别的贡献非常有限。目前，二维唇形研究不仅要检测出外轮廓线，还要检测出内轮廓线，然后用内外唇的参数来进行语音学、语音唇形合成和识别的研究。

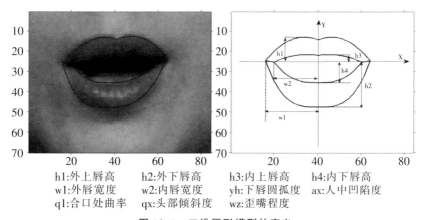

h1:外上唇高　　h2:外下唇高　　h3:内上唇高　　h4:内下唇高
w1:外唇宽度　　w2:内唇宽度　　yh:下唇圆弧度　　ax:人中凹陷度
q1:合口处曲率　　qx:头部倾斜度　　wz:歪嘴程度

图 12.1　二维唇形模型的定义

图 12.1 是唇形的定义示意图，图左是一帧唇形图像，线条是检测出的内外唇轮廓，图右是二维唇形内外唇的定义，从图下方可以看出，一共有 11 个参数。利用这个唇形模型可以对语音进行合成和感知的研究。研究结果表明，在圆唇和展唇的定义上，只用外唇无法定义圆展唇元音，这说明现有的语音学和语言学教科书上关于圆展唇元音的定义有误（潘晓声、孔江平，2014）。实证的研究表明，圆展唇元音的主要区别性特征是内外唇的宽度，而不是圆唇度。按圆的科学定义，[a] 是圆唇元音，而不是展唇元音。

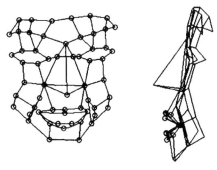

图 12.2　三维唇形模型

图 12.2 是唇形的三维模型示意图（潘晓声，2011）。唇形三维数据主要是通过红外采集仪（motion capture）获得，采集的数据不仅有唇形的数据，也有面部的数据，可以进行面部模型的研究。在语言习得中，唇形和语音会建立一套对应的关系，形成两套不同的系统连接大脑。这可以通过"麦格克效应"（McGurk effect）来证明，即当看 ba 的录像时，将 ba 的声音替换为 ga，如果看着录像听，听到的是 da，如果闭上眼睛听，听到的还是 ba。这就是麦格克效应，即视觉系统会影响到听觉系统。有了唇形的模型，就可以合成唇形，从而进行语音视觉习得和语音听觉习得关系的研究。这些研究表明视觉系统在语言习得中的重要性，这也为编写多模态性语言教材提供了理论基础。在应用上，如译制片和电视剧的翻译上，汉语麦格克效应的研究为口型的对齐提供了依据，避免因麦格克效应的出现而产生听觉错误。三维唇形模型也可以作为口传文化博物馆的语音发音原理和口传文化的展示。

12.2 声道模型研究

语音的声道研究在有了 X 光技术时就开始了。通过 X 光可以看到发音时舌头和其他发音器官的运动及相互关系。声道的研究也可以采用超声波技术来进行，如用手持超声波仪器可以看到舌头的运动。更为先进的技术是基于磁共振成像的语音发音动作的研究。目前，利用磁共振已经可以拍到实时的发音动作。由于磁共振对人体几乎没有伤害,该技术将会成为未来语音发音生理研究的重要技术手段。

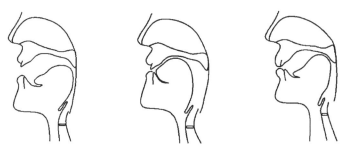

图 12.3　普通话 a、i、u 的二维声道图

图 12.3 中左图是 a 的声道图,可以看出 a 元音的声道主要是前腔大,舌根向后靠;中图是 i 元音的声道图,主要体现为后腔大;右图是 u 元音的声道图,主要体现为舌根向上靠近软腭。可以看出,通过 X 光可以对发音动作进行很好的研究(汪高武,2010)。

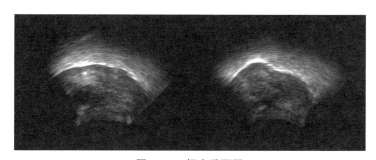

图 12.4　超声舌面图

近几年,超声波技术因其设备体积小、操作方便逐渐被大家接受,开始用于语音的发音动作的研究。由于便携的优点,超声波设备可以很容易地用于田野调查,研究特别的发音动作和语音现象,如咽化元音、辅音咽化等。图 12.4 中左图是 a 的舌位图,舌根向后靠,舌面较平;右图是 u 的舌位图,舌根向上提起靠近软腭,舌面中下陷。

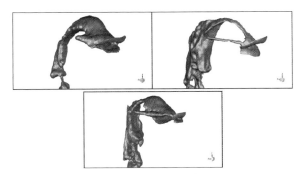

图 12.5 磁共振三维声道图

磁共振技术目前已经广泛应用于声道的研究，它不仅可以采集二维声道数据，也可以采集三维声道数据。近几年，磁共振的速度越来越快，已经达到了实时视频的基本速度，所拍摄的录像连贯性已经很好。这为研究发音动作奠定了基础。图 12.5 是 a、i、u 的三维磁共振声道，从中可以看出，在发元音时，用二维声道很难得到的牙齿之间的分析数据，三维磁共振声道样本就可以得到，这为研究共振峰和次级共振峰提供了条件（姚云等，2015）。

12.3 嗓音模型研究

在语音学的基础教学内容中，本教材只介绍了一些确定语言发声类型的基本方法，这一节简要介绍一下嗓音的基础生理研究、模型、多维嗓音的应用、嗓音视觉反馈康复和嗓音声乐教学的深入研究和应用，以便开阔眼界。

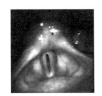

图 12.6 声门图像预处理过程

在嗓音的生理研究方面，高速数字成像技术是研究声带振动和发声类型的最先进的技术。具体是利用高速摄像机拍下声带的振动录像，通常一秒钟 3000 帧至 9000 帧，经过数字图像处理，提取出相关参数来描写和定义语言的嗓音发声类型。图 12.6 有四张小图，第一张是原始图片，第二张是经过旋转和亮度处理的图片，第三张是加了窗口的图片，第四张是预处理后的图片。对此可以进一步进行参数的提取。

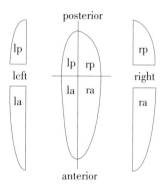

图 12.7　声门参数定义

图 12.7 是提取声门参数的基本定义，也是声门模型合成嗓音的基本定义，即用四个四分之一椭圆来模拟声门的变化，其中 lp 是左后声门，la 是左前声门，rp 是右后声门，ra 右前声门。根据定义，利用前后左右四个半径就能合成出各种不同的声门面积。

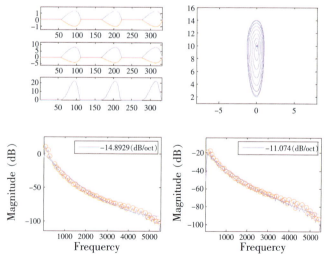

图 12.8　动态声门模型基本定义

图 12.8 左上是声门前后左右半径的动态声门函数和合成的声门面积函数；右上是一个周期合成声门的叠加；左下是声门面积的频谱，约为每个倍频程下降 14 分贝；右下是声门面积函数的微分（约等于声压）的频谱，约为每个倍频程下降 11 分贝。通过研究动态声门模型，可以研究不同语言发声类型的性质以及合成各种发声类型，用于模拟病变嗓音，用于医学研究和手术，还可以用于口传文化有声博物馆虚拟嗓音发声类型的再现。

多维嗓音是另一种嗓音模型，它不仅能用来确定嗓音发声类型，在应用上也可以用于嗓音的评价，如北大中文系语音学实验室的基于八百人的嗓音评价系统，由八个年龄段和男女不同性别的大数据构成。任何一个人发一段持续元音 a，都能测出来发音人的嗓音特性和在汉语母语人群中所处的空间和位置。通常在中间的更具有汉语的主要特征，在边缘的更具有个人特征，最边缘的就有可能是病变嗓音。在嗓音应用研究中，可以用基频、开商和速度商来表示一个人或一种发声状态的三维空间，这种方法可以建成嗓音视觉反馈系统，让听障儿童做嗓音康复的训练，以便控制在正常嗓音范围内。另外，嗓音视觉反馈系统可以用于声乐的教学，即将某种发声类型作为标准，练习者通过视觉，让自己的嗓音靠近某种艺术形式的嗓音，如昆曲、京剧、民族唱法等。也可以拿某个人的嗓音作为标准进行有目的的练习，以达到学习特定嗓音的目的。

12.4 肺模型研究

语言的动力来自肺的呼吸，但肺在人体机能的进化过程中最重要的功能是维持人体的供氧，即维持人的生命，而不是语言。语言是借助这一人体功能发展出来的一项高级生理活动。肺像一个皮囊，本身没有肌肉，它被包括在胸腔内，靠胸和腹的肌肉进行运动，将气体吸入和呼出。现代技术可以通过磁共振来采集肺的二维形态数据，也可以采集肺的三维形态数据。动态的研究可以通过呼吸带来采集肺部运动的数据，也可以通过磁共振采集肺二维动态的形态数据。见图 12.9。左图是肺呼出气的状态，其空间最小；中图是胸呼吸吸入气的状态,空间稍大;右图是腹呼吸吸入气的状态,空间最大。

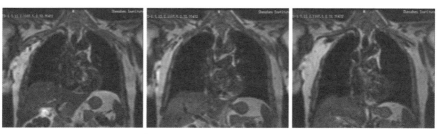

图 12.9　肺呼出、胸呼吸吸入和腹呼吸吸入的状态

图 12.10 是肺静态水平切面的数据,从左到右是肺部从上到下的切片,其中白颜色的部分是胸腔,中间黑颜色的部分是肺,图中的圆点是气管。从中可以看出,肺的上面部分面积较小,下面部分面积较大。

图 12.10　肺三维静态的切片

图 12.11 是呼吸带采集的数据,从上到下依次是语音波形、嗓音波形、胸呼吸信号和腹呼吸信号,内容是"《八阵图》杜甫,功盖三分国,名成八阵图"。简单地说,这里有两个大的呼吸单元,第一个大的呼吸单元是"《八阵图》杜甫",第二个大的呼吸单元中还镶嵌有两个小的呼吸单元,内容分别是"功盖三分国"和"名成八阵图"。从呼吸曲线图可以看出,腹呼吸节奏明显,呼吸重置后逐渐下降,展示了汉语古诗词吟诵的动力源;而胸呼吸的数据一致保持在扩张状态,其变化和调音有密切关系。

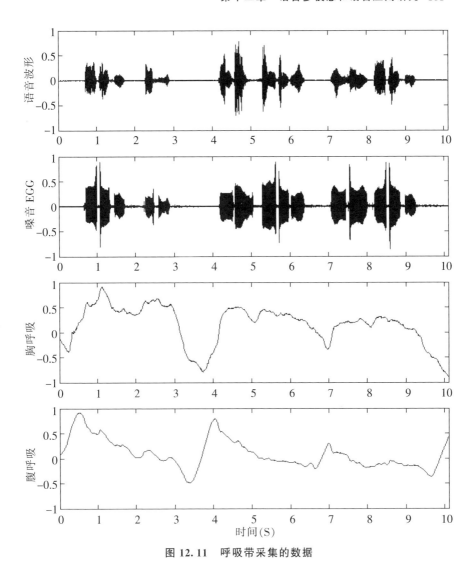

图 12.11 呼吸带采集的数据

肺的建模是通过研究呼吸方式,最终达到研究语音发音特性的目的。根据肺的形态和运动数据,我们建立了一个肺的二维模型。胸呼吸的数据驱动肺的水平变化,腹呼吸的数据驱动肺的纵向变化。图 12.12 是二维肺模型合成的不同肺部状态图,从中可以看到,从左到右肺部的状态分别是: 1)胸呼吸和腹呼吸的数据都小,这时肺处于呼出气的状态,如句子结束的位置; 2)胸呼吸数据大,腹呼吸数据小，这时肺处于一个短句接近结尾的位置，因为这时腹呼吸的数据已经很小，但胸呼吸还保持在扩张状态；3）腹呼吸的数据达到最高，也就是腹呼吸的呼吸重置最高点，但胸呼吸的数据不是很高，其状态还未达到呼吸重置的最高点。

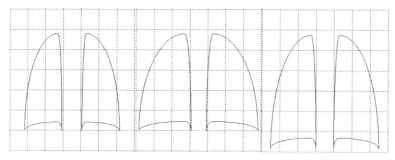

图 12.12　肺不同呼吸状态合成图[①]

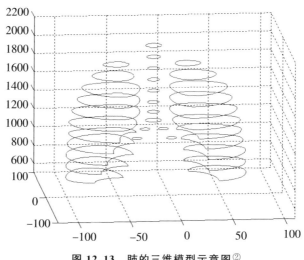

图 12.13　肺的三维模型示意图[②]

根据磁共振的 3D 数据，可以建立肺的三维模型，见图 12.13。从图中可以看出，肺的立体空间由左右肺叶两部分组成。通过测量

---

① 该模型是北大语言学实验室语音模型的一部分，程序由李永宏、杨锋、孔江平建立和编写。

② 该模型是北大语言学实验室语音模型的一部分，由孔江平建立和完成程序编写。

一个人的肺活量,可以定义三维肺模型的气体容量,并根据体积容量的变化研究气流和语音声压的关系及其性质。同时,人体肺的三维模型的建立是构建虚拟发音人不可缺少的组成部分。

通过呼吸模型的研究,我们可以观察到从声音信号中不易看到的特性,这对研究言语的韵律、朗诵风格、言语和歌唱的视觉反馈教学、虚拟人言语仿真和建立言语及口传文化虚拟博物馆都有重要的应用意义。

12.5 电子腭位研究

在传统语音学中,为了研究发音动作,人们利用腭位照相术研究舌接触上腭和和上齿的关系。通常是用碳粉和食用油调和后涂在舌面上,然后发音,发音后黑色的碳粉就会粘在上腭或齿龈上,利用照相机加一个小的反光镜,拍下舌腭接触的面积来研究发音动作。最早的汉语腭位研究是王力先生做的汉语方言的研究。这种方法对研究单个辅音的发音是有效的,但无法研究连续的发音。

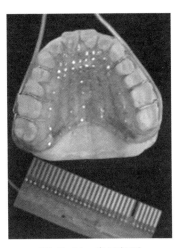

图 12.14　电子假腭

随着技术的进步,人们发明了电子腭位技术。做电子腭位研究要先做一个假腭,假腭上有六十二个电极。在发音时,舌和上腭接触到的地方就会记录下信号存在计算机里。通过舌腭接触的动态面积就能研究辅音的发音动作。图 12.14 是电子假腭。图 12.15 是电子腭位参数示意图,从上到下可以看到语音信号、三维语图、关键帧标记、语音标记、国际音标和电子腭位图。通过分析这些参数可以很好地研究发音动作的性质,特别是语音发音动作的协同发音。

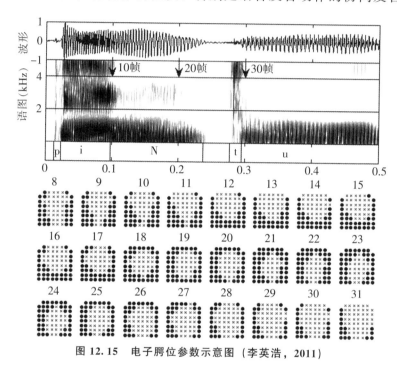

图 12.15 电子腭位参数示意图(李英浩,2011)

电子腭位不仅能用来研究发音动作,还能用来对腭裂儿童进行术后语音矫治和语言康复的训练。中国有数量很大的腭裂儿童,到目前还没有一本关于汉语腭裂术后语音康复的教材。因此,对汉语电子腭位的研究具有非常重大的实际意义。

12.6 代偿性发音研究

语音的代偿性发音是用非通常的方式进行的语音发音活动,分为两种类型:一种是正常的代偿性发音,如腹语和含灯大鼓,这两种都是艺术发音形式;另一种是非正常的代偿性发音,如腭裂和口腔疾病产生的发音。本节主要介绍腹语和含灯大鼓的发音方法。

腹语在我国的民间很早就存在，被认为是肚子会说话，用于娱乐和某些骗人钱财的迷信活动。这种腹语在说话时往往是闭着嘴说，其发音方式主要是将舌位向后移，气流从嘴角流出，因此声音发闷，感觉像是从肚子里发出的声音。研究表明，由于这种腹语是闭着嘴说话，口腔的压力大，因此声门下压需要更大才能使声带振动，所以，基频都高于正常的语音。艺术形式的腹语是从西方木偶剧发展出来的一种舞台表演形式，即一个人在操纵一个或两个木偶时，同时为它们配音。这时配音人的唇是张开不动的，但同时能大声说话和演唱。这种发音除了舌位整体向后移动外，最难的是要张着嘴不动同时发出双唇音和唇齿音。汉语双唇音和唇齿音有 b、p、m、f，张着嘴发这一组音需要长期的练习和发音的技巧。含灯大鼓是梅花大鼓的一种特殊形式。最初人们为了有趣，含着笔架说唱。后来是咬着一根竹签，竹签上挂着一个小的八角灯笼来说唱。今天是在竹签上架上三朵绢花，每朵绢花中间插一根蜡烛。含灯大鼓是咬着牙说唱，整个舌位向后移，舌头要立起来，虽然嘴不能张开，但双唇可以开合。含灯大鼓要求吐字清晰，送气音不能太强，因为会将蜡烛吹灭。这就需要用别的发音方法代偿送气。腹语和含灯大鼓都是语言的特殊艺术形式，虽然用了特殊的发音方式，但能够听得很清楚。对它们进行语音学的研究可以更多地了解人类发音器官的功能，为腭裂和其他口腔疾病的矫治和言语康复找到好的方案。

12.7 声纹鉴定研究

语音司法证据的研究在语音学中称为声纹鉴定，主要是通过语音声学的方法来确定发音人，以便提供司法证据。然而目前人们对语音声学的认识还很难提供完全准确的证据。但司法语音学的深入研究显然会有非常重要的应用前景（杰森 M.，2010；李敬阳，2009；王英利等，2012）。

目前司法语音学主要有几种研究的方法。最常用的方法是声学分析，通过声学分析找出发音人的个性特征。如人的鼻腔是一个被动的发音器官，无法主动改变。由于每个人的鼻腔结构会有差异，这就产生了鼻腔共鸣的特殊性质。研究这些性质可以来确定特殊的发音人。另外，人的口腔、声带和发音习惯也都会有个人的特征，这些特征都会在声音中体现出来。如对于比较熟悉的人，我们能通过声音来分辨。这是经过了大脑综合分析的结果。但目前声学分析还达不到这样的水平，因此在进行司法语音学分析时听辨是一个重要的环节（曹洪林、孔江平，2013）。

现在的录音设备和手段非常多，也非常容易，在方便人们生活的同时，也为制造假证据打开了方便之门。早期通过磁带拼接的假证据质量较差，拼接处往往可以听出来，但小于3分贝时可能就听不出来了。但如果将这种录音数字化，看波形就能很容易地分辨出来是拼接的。由于技术的发展，现在进行数字造假也变得十分容易，比如在拼接波形时，可以通过零点拼接，这样就不容易看出拼接处，增加了声纹鉴定的技术难度。但通过声学分析还是有办法看出破绽，这就需要提高分析人员的技术。有道是魔高一尺道高一丈，要看谁的技术水平高。但如果有某个人大量的语音样本，用这些样本制造出来的假声音证据就很难分辨真伪，给声纹鉴定带来了很大困难。

声纹的自动识别是声纹鉴定研究的一个重要方面。其做法是建立一个大型声音样本数据库，在得到一个语音样本时，将这个样本去数据库中比对，找出相同或相近的语音样本来，以达到破案的目的，但前提是数据库必须有这个人的语音档案。目前的做法大都是用MFCC作为声学参数，用统计的方法，如隐马尔科夫模型。如果能找出几个相近的人的样本，对破案也会有帮助。

很显然，目前声纹研究还不够深入，存在很多问题，这就需要在这个领域中进行深入的基础理论研究（曹洪林、李敬阳等，2013）。声纹主要是研究人的个性特征，个性特征主要是人生理结构的差异和声音之间的关系，如性别、身高、体型的胖瘦、脖子的长短和粗细、头的大小及声道的长短等。这些都会对声音产生影响。目前对生理和声音的关系研究得还很不够（曹洪林、孔江平等，2013）。另外，在声学分析上，人们对语音信号的处理也非常粗糙，如，大家知道共振峰和声道有一定的关系,但人们认识的声道目前还只是一个管子,对齿间缝隙产生的次级共振峰基本上没有理论上的认识。随着磁共振技术的发展,这方面的研究就可以展开。深入的理论声学研究最终一定会提高声纹鉴定的准确性,推动这个学科的发展。

12.8 病理语音研究

一般来说,腭裂和口腔疾病产生的代偿性发音不能很好地传达正确的信息,如腭裂儿童不能闭塞口腔即不会发塞音,发塞音时通常用声带做闭塞的动作来代替发音部位的阻塞,因此发的塞音很难区分是哪个音。病变性代偿性发音的研究可以为这些病人的言语康复找到解决的办法。

腭裂病人如果在习得母语之前就做手术,母语的学习一般不会有太大的问题。但在发育过程中,手术后的部位也有可能出现新的问题,从而影响发音,因此也需要进行语言的康复指导和练习。对于那些在成人以后再进行腭裂手术的病人来说,语言的康复就会很困难。因为这时母语形成了一套代偿性发音的音位系统,这种系统一旦建立,要想改变就十分困难。其中最主要的是塞音的发音部位是在口腔中的某个部位,如双唇、舌尖齿龈、舌面硬腭和舌根软腭等,但代偿性发音的音位系统的闭塞部分都是在声门,靠声带来形成阻塞。发音人这种代偿性的音位系统在手术后是很难改正的。阻塞也经常出现在口腔和声带两个地方,这时增大的气压还是在声门以下,并没有到口腔中,也会出现口腔阻塞点和声门阻塞点除阻不同步的现象。另一个比较困难的发音是擦音,由于无法形成口腔阻塞点和压力,腭裂病人的擦音往往在咽腔部分,擦音主要靠咽化和咽擦来代偿。患者学会口腔擦音和消除咽擦是纠正腭裂代偿发音的另一个主要方面。

12.9 语音与读写障碍研究

语言是在人类漫长的进化过程中发展出来的,所以无论人的智力怎样,大都能学会自己的母语。然而文字并不是进化来的,是后来人们创造的。人类文字的历史也不过就五六千年,因此,人类并没有在长期的进化中形成读写能力的遗传。文字是要将语言的语音单位和符号系统联系起来,这个过程会有一定数量的正常人出现障碍。

阅读和书写是学童赖以学习的最主要手段。研究表明,即使是智力正常的学童,也有约 5%－10% 的人存在不同程度的读写困难,称为发展性读写差异,即存在与大部分同龄学童不相符的水平差异。这些学童在书写或阅读时会出现种种问题:添字、漏字、用别字(词)替代;阅读重复或者不流畅,经常跳字跳行,无法理解阅读内容;书写颠倒、笔顺错误等等。伴随着读写方面的表现不佳,他们还会出现节奏感差、逃避学习、注意力难以集中、难以与他人相处、容易感到沮丧等问题。

在国内,绝大部分人,包括家长、老师、甚至学界,不了解发展性读写差异,由此带来了许多社会问题。发展性读写差异儿童要么被认定是笨小孩,要么就被认为学习不专心。由于得不到正确引导,发展性读写差异学童的成长问题令人担忧。

为尽早筛选出发展性读写差异学童并对他们进行合理矫治(intervention),必须有一套有效的诊断测试。由于发展性读写差异与其他学习差异有着本质区别,有效的诊断测试不能单纯依靠行为观察而获得,而必须依据具体地区学童的智力、读写能力以及认知水平的常模进行诊断。只有这样,诊断结果才具有指向矫治的价值。

通常的测试包括:1) IQ 测试;2) 读写能力测试;3) 认知能力测试;4) 矫治导向测试等。在具体的测试中,很多都涉及语音学的研究,特别是音义关联能力的研究。如,有些儿童将语音单位拼读起来有困难,而有些儿童不能将语音单位连成串(句子)来理解,这涉及拼读的感知能力和语音结构的组织能力。目前这些研究在语音学领域才刚刚开始,还很不完善,也没有建立基本的理论框架,没有形成"读写障碍语音学"或"读写障碍语言学"的分支,因此语音学在这个领域有非常广阔的研究和应用前景。

12.10 言语艺术和口传文化研究

言语艺术和口传文化在本质上是一样的，只是视角不同。言语艺术是从共时的角度来看，口传文化是从历时的角度看言语艺术的传承。这一节主要介绍言语艺术和口传文化研究及传承的语音学分析方法和数字化方法。

言语艺术是言语活动的一种特殊形式。人们用言语来传递信息和表达情感，但有时会言不达意。所以在表达更细微的情感时，人们会用特殊的语音形式，如旋律、重音、时长变换、不同的发声类型等。在语音学中已经对语音情感做了很多分析，如果分层的话，正常的言语行为是最基本的底层；第二层是带有情感的语音，通常把这一层还当作言语的范畴；第三层是言语艺术。我们知道语言有民族性，但言语艺术所表达的情感会超出民族的范围。如一个人讲一种你不懂的语言，你会不知所从，但如果他在言语中加了强烈的情感，如愤怒，你就会部分了解他的意思。如果他用你听不懂的语言给你唱歌，你一定会理解他的心情和感情。这三个层次中，正常的言语能表达不同民族的思想，言语艺术能表达人类共有的情感，情感语音介于上述二者之间。

怎样才能做好有声语言和口传文化的传承呢？这里面有一个语言学、语音学和心理物理学的理论问题。当今科学技术发展很快，从文科的角度往往跟不上，因此需要增加科学技术和心理物理的知识。历史上文化的传承主要是靠文字，虽然文字能很好地记录人们的思想和知识，但缺点是文字只能记录当时人们对事物的认识。中国古代对声学了解得不够深入，因此，古代音乐和口传文化没有得到很好的传承。同样，我们现在对声学、脑科学的认识也还很浅，那能不能完全精确地传承有声语言和口传文化呢？这涉及人们对言语和口传文化的认知边界，找到了这个边界，人类就有可能传承还没有认识的事物（孔江平，2013）。

在语用风格的语音学研究方面，可以研究人们特定的语用形式，如打电话、新闻播音、话剧等，这些语用形式非常值得进行语音学的研究。如，一个电视台的新闻播音通常会有自己的一种腔调，具体表现在它的嗓音类型、节奏快慢、语调变化等。从语用的角度还可以分成更具体的形式，如国家公告、讣告、严肃的公告、喜庆的新闻等。这些语用风格的研究可为虚拟播音员语音合成的建模提供声学的基础。

在声乐的语音学研究方面，中国有着浩如烟海的戏剧种类、原生态民歌、古诗文吟诵、民族史诗吟唱、宗教诵经等，这些都需要进行语音学的深入研究。如，昆曲有六百年的历史，它容纳了大量中国口传文化的艺术形式，其柔和的唱腔与颤音的频率及幅度有密切的关系；蒙古族长调的发声和拖腔与蒙古语有密切的关系，不会蒙古语就无法学会长调的唱法；藏族大多居住在海拔很高的地区，由于大气压的原因，造就了藏族民歌那种外放和嘹亮的嗓音；彝族的高腔包含了彝语特有的松紧嗓音的音色；蒙古族呼麦的喉音发声和藏传佛教的诵经有同样的特点；彝族的口弦琴通过口腔共鸣的泛音调制音高的旋律，与蒙古族呼麦采用的泛音有共同的音理；纳西族哭歌的旋律任何人听了都会潸然泪下。

所有这一切表明，人类语言的语音形式，以正常的言语交际、诗词韵文、不同的言语情感和言语艺术形式的多样性，构成了言语交际从民族个性到人类共性的一个链条，开拓了语音学研究的广阔领域。

附　录

实验课一：提取基频研究声调
　　1）提取基频的不同算法；2）时间和频率归一化处理；3）五度标调法换算；4）听感检测；5）语言学分析

实验课二：提取共振峰研究元音
　　1）提取共振峰的不同算法；2）数据处理；3）声学元音图绘制；4）听感检测；5）语言学分析

实验课三：开商和速度商研究发声
　　1）采集嗓音和语音信号；2）基频、开商和速度商参数的提取；3）嗓音声学图绘制；4）发声感知研究；5）语言学分析

实验课四：提取辅音参数
　　1）擦音参数提取；2）VOT 参数提取；3）过渡音征提取；4）VOT 听感研究；5）语言学分析

参考文献

鲍怀翘，吕士楠，1992，蒙古语察哈尔话元音松紧的声学分析，《民族语文》，第1期。

鲍怀翘，周植志，1990，佤语浊送气声学特征分析，《民族语文》，第2期。

曹洪林，孔江平，2013，长时共振峰分布特征在声纹鉴定中的应用，《中国司法鉴定》，第1期。

曹洪林，孔江平，王英利，2013，说话人基频与生理参数关系初探，《清华大学学报（自然科学版）》，第6期。

曹洪林，李敬阳，王英利，孔江平，2013，论声纹鉴定意见的表述形式，《证据科学》，第5期。

邓斯（P. B. Denes），平森（E. N. Pinson），1983，《言语链：说和听的科学》，曹剑芬，任宏谟译，北京：中国社会科学出版社。

方特 G.，高奋 J.，1994，《言语科学与言语技术》，张家騄等译，北京：商务印书馆。

关英伟，2013，永福百姓话的高音调嗓音，汉语方言类型研讨会宣读论文，北京。

杰森 M.，2010，法庭语音学，曹洪林，王英利译，《证据科学》，第6期。

孔江平，1990，紫云苗语五个平调的声学及感知研究，第五次中国民族语言学术讨论会宣读论文，北京。

孔江平，2001，《论语言发声》，北京：中央民族大学出版社。

孔江平，2013，语言文化数字化传承的理论与方法，《北京大学学报（哲学社会科学版）》，第50卷第3期（总第277）。

李敬阳，2009，国内外声纹鉴定发展概述，《刑事技术》，增刊2。

李英浩，2011，《基于动态电子腭位的汉语普通话音段协同发音研究》，博士论文，北京大学。

林焘，王理嘉等，1985，《北京语音实验录》，北京：北京大学出版社。

刘复，1924，《四声实验录》，上海：群益书社。

参考文献

刘复，1934，乙二声调推断尺，《国立中央研究院历史语言研究所集刊》，第四本第四分。

潘晓声，2011，《汉语普通话唇形协同发音及可视语音感知研究》，博士论文，北京大学。

潘晓声，孔江平，2014，普通话唇形研究，《语言学论丛》（第五十辑），北京：商务印书馆。

沈炯，1985，北京话声调的音域和语调，载林焘、王理嘉等著《北京语音实验录》，北京：北京大学出版社。

石锋，1986，天津方言双字组声调分析，《语言研究》，第1期。

石锋，冉启斌，王萍，2010，论语音格局，《南开语言学刊》，第1期（总第15期）。

汪高武，2010，《汉语普通话声道调音模型研究》，博士论文，北京大学。

王力，2014/1931，《博白方音实验录》（原文为法文），北京：中华书局。

王英利，李敬阳，曹洪林，2012，声纹鉴定技术综述，《警察技术》，第4期。

吴宗济，周殿福，1963，《普通话发音图谱》，北京：商务印书馆。

姚云，吴西愉，孔江平，2015，矢量半径驱动的汉语普通话立体声道模型，《清华大学学报（自然科学版）》，待刊。

张锐锋，孔江平，2014，河南禹州方言声调的声学及感知研究，《方言》，第3期。

赵元任，1934，音位标音法的多能性（原文为英文），《国立中央研究院历史语言研究所集刊》，第四本第四分。

Alku, P., 1991, Glottal wave analysis with pitch synchronous iterative adaptive inverse filtering. *Pro. EUROSPEECH' 91*: 1081−1084.

Ananthapadmanabha T. V., 1984, Acoustic analysis of voice source dynamics. *Speech Transmission Laboratory-Quarterly Progress and Status Report* 2−3: 1−24. Roya Institute of Technology, Stockholm.

Anthony, Traill & Michel Jachson, 1987, Speaker variation and phonation types in Tsonga nasals. *UCLA Working Papers in Phonetics* 67.

Baken R. J. & R. F. Orlikoff, 1998, Estimating vocal fold adduction time from EGG and acoustic records. In Schutte H. K., P. Dejonckere, H. Leezenberg, B. Mondelaers, H. F. Peters (eds.) *Programme and abstract book*: 24th IALP congress, Amsterdam.

Bloch, B. & G. L. Trager, 1942, *Outline of Linguistic Analysis*. 中译本:《语言分析纲要》，赵世开译，2012，北京：商务印书馆。

Bloomfield, L., 1933, *Language*. 中译本:《语言论》，袁家骅，赵世开，甘世福译，1980，北京：商务印书馆。

Cao, Jianfen & Maddieson, Ian, 1989, An Exploration of Phonation Types in Wu Dialects of Chinese. *UCLA Working Papers*: 139—160.

Chao, Y. R., 1982, A system of tone letters. Fangyan, No. 2. (原文: Chao, Y. R., ə sistim əv "toun-letəz", *ləmɛ: trəfɔnetik*, 1930 (30), pp. 24—27.)

Dang, J. & K. Honda, et al., 1994, Morphological and acoustical analysis of the nasal and the paranasal cavities. *Journal of the Acoustical Society of America* 96 (4).

Dang, J. & K. Honda, 1997, Acoustic characteristics of the piriform fossa in models and humans. *Journal of the Acoustical Society of America* 101 (1).

Delattre C., A. Liberman & F. Cooper, 1955, Acoustic loci and transitional cues for consonants. *Journal of the Acoustical Society of America* 27 (4).

Fant G., 1979, Glottal source and excitation analysis. *STL-QPSR*, No. 1: 85—107.

Fant G., 1982, The voice source, acoustic modeling. *STL-QPSR*, No. 4: 28—48.

Fant G., J. Liljencrants & Q. Lin, 1985, A four parameter model of glottal flow. *STL-QPSR*, No. 4: 1—13.

Guan, Yingwei, 2015, The creaky voice and its tonal description method based on the fieldwork on Dilu dialect in Mengshan. *Journal of Chinese Linguistics*, Vol. 43, No. 1B.

Hall K. D. & E. Yairi, 1992, Fundamental frequency, jitter, and shimmer in preschoolers who stutter. *Journal of Speech and Hearing Research*, Vol. 35, October.

Hardcastle, William J. & John, Laver (ed.), 1997, *The Handbook of Phonetic Sciences*. Oxford: Blackwell Publishers.

Hedelin, P., 1984, A glottal LPC-vocoder. *Proceedings of IEEE International Conference on Acoustics, Speech, and Signal Processing*, 1.6.1—1.6.4. San Diego.

Hirose H., 1997, Investigating the physiology of laryngeal structures. In Hardcastle, William J. & John, Laver (ed.), *The Handbook of Phonetic Sciences*, Chapter 4. Oxford: Blackwell Publishers.

Hockett, C. F., 1958, *A Course in Modern Linguistics*. 中译本:《现代语言学教程》,索振羽,叶蜚声译,2003,北京:北京大学出版社。

Horii, Y., 1985, Jitter and shimmer in sustained vocal fry phonation. *Folia Phoniatrics*, Vol. 37.

Kirk, P. L., P. Ladefoged & J. Ladefoged, 1984, Using a spectrograph for measures of phonation types in a natural language. *UCLA Working Papers in Phonetics* 59.

Klatt, Dennis H., 1980, Software for a cascade/parallel formant synthesizer. *Journal of the Acoustical Society of America* 67 (3).

Kong, Jiangping, 2007, *Laryngeal Dynamic and Physiological Models: High-Speed Imaging and Acoustical Techniques*. Beijing: Peking University Press.

Ladefoged, P., 1973, The features of larynx. *Journal of Phonetics*, No. 1.

Ladefoged, P., 1988, Discussion of phonetics: A note on some terms for phonation types. *Vocal Fold Physiology, Vol. 2, Vocal Physiology: Voice Production, Mechanisms and Functions*. New York: Raven Press.

Ladefoged, P., I. Maddieson & M. Jackson, 1987a, Investigating phonation types in different languages. *UCLA Working Papers in Phonetics* 67.

Ladefoged, P., I. Maddieson, M. Jackson & M. Huffman, 1987b, Characteristics of the voice source. *UCLA Working Papers in Phonetics* 67. [To be appeared in *the Proceedings of the European Conference on Speech Technology*, Edinburgh, 2−4 September.]

Laver, J., 1980, *The Phonetic Description of Voice Quality*. Cambridge University Press.

Lindblom, 1963, *On Vowel Reduction*. Rep. No. 29, The Royal Institute of Technology, Speech Transmission Laboratory, Stockholm, Sweden. (Ph. D. dissertation, KTH)

Lindestad, P-A, M. Sodersten, B. Maerker & S. Granqvist, 1999, Voice source characteristics in Mongolian "Throat singing" studied with high-speed imaging technique, acoustic spectra and inverse filtering. *Phoniatric and Logopedic Progress Report*, No 11. Department of logopedics and phoniatrics, Karolinska institute, Huddinge university hospital, Sweden.

Ljungqvist, M. & H. Fujisaki, 1985, A comparative study of glottal waveform models. *Technical Report of the Institute of Electronics and Communications Engineers*. Japan.

Maddieson, I. & P. Ladefoged, 1985, 'Tense' and 'Lax' in four minority languages of China. *Journal of Phonetics*, No. 13.

Potter, R. K., G. A. Kopp & H. C. Green, 1947, *Visible Speech*. D. Van Nosterand Company.

Rose, Phil, 1989, Phonetics and Phonology of Yang Tone: Phonation Types in Zhenhai. *Cahiers de linquistique-Asie orientale* 18 (2): 229−245.

Rosenberg, A. E., 1971, Effect of glottal pulse shape on the quality of natural vowels. *Journal of the Acoustical Society of America* 49.

Sawashima, M. & H. Hirose, 1983, Laryngeal gestures in speech production. Chapter 2. In Peter F., MacNeilage & Springer-Verlag (ed.) *The Production of Speech*. New York, Heideberg, Berlin.

Shen, Mixia & Kong, Jiangping, 1998, MDVP (multi-dimensional voice processing) study on sustained vowels of Mandarin through EGG signal. *Proceedings of Conference on Phonetics of the Languages in China*, May 28, Hong Kong.

Stevens, K. N., 1972, The quantal nature of speech: Evidence from articulatory-acoustic data, In David, E. E. & P. B. Denes (ed.) *Human communication: A unified view*. New York: McGraw-Hill.

Sussman, Harvey M., Helen A. McCaffrey & Sandra A. Matthews, 1991, An investigation of locus equations as a source of relational invariance for stop place categorization. *Journal of the Acoustical Society of America* 90.

ThongkumTherapan, L., 1987, Phonation types in Mon-Khmer languages. *UCLA Working Papers in Phonetics* 67.

Titze, I. R., 1994, *Principle of Voice Production*. Englewoods cliffs, New Jersey 3: Prentice Hall.

Wang, William S-Y., 1976, Language change. *Annals of the New York Academy of Sciences*, Vol. 20.

Yang, Ruoxiao, 2015, The role of phonation cues in Mandarin tonal perception. *Journal of Chinese Linguistics*, Vol. 43, No. 1B.

北京大学出版社语言学教材方阵

博雅21世纪汉语言专业规划教材:专业基础教材系列

现代汉语(上)　黄伯荣、李炜主编
现代汉语(下)　黄伯荣、李炜主编
现代汉语学习参考　黄伯荣、李炜主编
语言学纲要(修订版)　叶蜚声、徐通锵著,王洪君、李娟修订
语言学纲要(修订版)学习指导书　王洪君等编著
古代汉语　邵永海主编(即出)
古代汉语阅读文选　邵永海主编(即出)
古代汉语常识　邵永海主编(即出)

博雅21世纪汉语言专业规划教材:专业方向基础教材系列

语音学教程(增订版)　林焘、王理嘉著,王韫佳、王理嘉增订
实验语音学基础教程　孔江平编著
现代汉语词汇学教程　周荐编著
简明实用汉语语法教程(第二版)　马真著
当代语法学教程　熊仲儒著
修辞学教程(修订版)　陈汝东著
汉语方言学基础教程　李小凡、项梦冰编著
语义学教程　叶文曦编著
新编语义学概要(修订版)　伍谦光编著
语用学教程(第二版)　索振羽编著
语言类型学教程　陆丙甫、金立鑫主编
新编社会语言学概论　祝畹瑾主编
计算语言学教程　詹卫东编著(即出)

音韵学教程(第五版)　唐作藩著

音韵学教程学习指导书　唐作藩、邱克威编著

训诂学教程(第三版)　许威汉著

校勘学教程　管锡华著

文字学教程　喻遂生著

文化语言学教程　戴昭铭著(即出)

历史句法学教程　董秀芳著(即出)

汉语韵律语法教程　冯胜利、王丽娟著(即出)

博雅21世纪汉语言专业规划教材:专题研究教材系列

现代汉语语法研究教程(第四版)　陆俭明著

汉语语法专题研究(增订版)　邵敬敏等著

现代汉语词汇(第二版)　符淮青著(即出)

新编语用学概论　何自然、冉永平编著

现代实用汉语修辞(修订版)　李庆荣编著

汉语语音史教程(第二版)　唐作藩著(即出)

近代汉语研究概要(第二版)　蒋绍愚著(即出)

汉语白话史　徐时仪著

说文解字通论　黄天树著

实验语音学概要(增订版)　鲍怀翘、林茂灿主编

外国语言学简史　李娟编著(即出)

甲骨文选读　喻遂生编著(即出)

商周金文选读　喻遂生编著(即出)

音韵学讲义　丁邦新著

博雅西方语言学教材名著系列

语言引论(第八版中译本)　弗罗姆·金等著,沈家煊等译(即出)

语音学教程(第七版中译本)　彼得·赖福吉等著,张维佳译(即出)

语音学教程(第七版影印本)　彼得·赖福吉等著

方言学教程(第二版中译本)　J. K.钱伯斯等著,吴可颖译